U0941789

骑鹤下扬州

江苏凤凰文艺出版社
JIANGSU PHOENIX LITERATURE AND ART PUBLISHING, LTD

目录

2016年7月8日，第六届江苏书展在扬州开展，三百八十多家出版发行单位、十二万多种出版物、数百场极具扬州特色的阅读推广活动将齐齐亮相。

现代快报/ZAKER南京记者　施向辉　摄

书香中国万里行·扬州站启动活动现场

壹

第一章
跟随江苏书展的脚步走进扬州

—

从 2014 年开始，
江苏书展走出南京，
先后落户苏州、徐州，2016 年，
它来到了大运河畔的扬州。
扬州是一座有着 2500 年历史的文化名城。
众多政治家、文学家、艺术家曾在此为官、游历，
留下了大量脍炙人口的名篇佳作。
悠久的文脉，
孕育出内涵厚重、特色鲜明的扬州文化。
江苏书展落地扬州，
是一种很自然的文化选择。

—

书香江苏形象大使
全民阅读
曹文轩
北京大学中文系教授，博士生导师，著名儿童文学作家
演讲主题：阅读与人生
时间：7月8日 10:30—12:00
地点：扬州国际展览中心大讲堂
签售：《火印》
时间：7月8日 13:30—14:30
地点：扬州国际展览中心亲子阅读馆
阅读，让我们走向“诗和远方”——对话文学大家曹文轩和
时间：7月8日 14:30-16:30
地点：扬州国际展览中心安徽主宾馆

古邗沟，千里运河的起源点

谁曾想，千里运河，始于春秋，成于隋代，盛于唐宋，取直于元代，疏通于明清，连接了六省市，连通了五大水系。扬州因此活了。一股活水，让长江与淮河之间谁也不认识谁的河汊沟坎、田垄地块，迎来一股前所未有的活力。

历史就此落笔生花。

最先活了的是吴王夫差的雄心壮志——北上伐齐，称霸中原。

在吴国自己的地盘上，一时间，千锛万耜的开凿大军，工号撼动，声势浩大，硬生生地将各自向东入海的长江与淮河，沟通相连，把一船又一船的兵戈与粮草，节节北漂。这一年，公元前486年，夫差以如炬的目光，在苍茫大地上，绝非异想天开地征用万役开凿一条邗沟，并勾指拉弦一般，将原本借海出江入淮的航线，拉成一根直线。更像一支待放的铁箭，直接射向垂涎已久的北齐中原。邗沟开通，活水扑打，吴灭齐，这条邗沟的起点并未停止生长。她顺应着一代代帝王的梦想，向北向南不断伸展，承载着不计其数的兵器与粮草，还有硝烟与繁华；养育着星罗棋布的村庄与市镇，还有万千儿女。后来的东汉、三国、东晋，推移的不仅仅是时间，还有古邗沟滔滔不绝的华丽变迁。

感谢历史上扬州的第二个热衷者、钟情人隋炀帝，“痴绝扬州建迷楼，一去不返在雷塘。”回说隋朝大业年间“发淮南民十余万开邗沟，自山阳至扬江”，旧邗沟挖出了史上新规模、大气势，继而在春秋吴王的旧河床上，剖出了后运河时代的雏形。史料记载，其一，早期的邗沟南端，基本是疏浚陂塘，引水济运，但常淤塞。其二，邗沟运道自淮阴至邵伯，其中邵伯至瓜洲平水不流，水程漫长四五昼夜。但邗沟北流河段，河床坡陡流大，夏日难逆，修建堰闸调水。看看邗沟的前身，这哪成啊，得开凿大运之河。一开就是六年，隋炀帝这是一副大手笔呀，整个工程因为开新渠、破旧道，而分成四个段落，真可谓洋洋洒洒千顷文章——永济渠、通济渠、邗沟和江南河四段，地跨北京、天津、河北、山东、河南、安徽、江苏、浙江八省市，连接海河、黄河、淮河、长江和钱塘江五大河流，最终形成隋朝大运河。

运河一边开凿，隋炀帝也没闲着，领着数十万大军南下江南，活捉醉生梦死的陈后主，了结自东晋以来二百七十多年南北分裂的民生之苦。一切都消停了，炀帝吃了若干辛苦，也在广陵追寻属于他的欢乐，“玉玺无缘归日角”。城北的禅智寺，当年隋炀帝行宫故址，“欲取芜城作帝家”。诸位细想一下，广陵想不繁华都不行，想不变都市都不成呵。其时，又来一哄事者，一浙江籍人氏项升，挖空心思画了一张新宫图呈献上来，图中高楼连阁，豪华幽深。隋炀帝喜欢之极，于是像挖运河一样，手一挥，命人按图在观音山上兴工营建。新宫建成，幽深曲折，门户众多，人入其中，意夺神迷，故称迷楼。观音山，即观音禅寺，扬州城西北蜀冈之上的三峰之一，本来就美不胜收，可谓“江淮南北，一览可见”。再建迷楼，别有一番情趣，杨广能不钟情吗？唐代冯贽《南部烟花录》记载：“炀帝于扬州作迷楼，凡役夫数万，经岁而成。楼阁高下，轩帘掩映，幽房曲宫，玉栏朱盾，互相连属。”宋朝词人李纲作《迷楼赋》云：“凌云摘星，飞云宿雾，玉柱金楹，千门万户，复道连绵，洞房回互，翠华泪止，杳不知其何所？”一条运河与杨广，也真是难舍难分。一代帝王躺入雷塘，运河依然向南流淌。不管怎样，他还是为接踵而至的唐宋元明清的接力者递出了一根气象万千的接力棒。

进入大唐，长江沙洲漫积与北岸相连，开元二十二年，运河在扬子镇以南新开的伊娄河，经瓜洲入江，瓜洲运口与仪征运口并用。北宋时期，邗沟兴建数十处闸、坝、涵等水运设施，并创造性地建起了世界上最早的船闸——复闸。至此，运河的综合功能得以释放而福泽两岸。邗沟作为扬州的母亲河，始终守在胞衣之地，与京杭运河南北呼应。运河的漕运功能，西方海运贸易的起航，半个世界的海上财富，在江湖河海汇集一身的扬州，将大唐盛世推向全球化经济的最高峰。扬州在金币与银票堆积如山的平台上，发酵出“夜市千灯照碧云，高楼红袖客纷纷”“天下三分明月夜，二分无赖是扬州”的醉美风景。

元代，北方人的天下，一代狂野比任何时代都渴望南下北上，为财富而征战。公元 1279 年至 1368 年，京杭大运河经历了史上第三次规模浩大的取直整修，也是真正

春天的扬州 / 童剑锋　摄

黄金大道 / 童剑锋　摄

踏板行歌万福桥 / 童剑锋　摄

绿杨人家 / 徐颖宏　摄

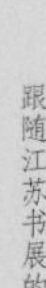

古运河畔 / 周泽华　摄

意义上的全线贯通。古邗沟作为运河的重要起源点，依然守着自己的那一段，南口在瓜洲和仪征，北口仍在淮安北。不闻锣鼓喧天，彩旗招展，只管日夜奔流，唤醒了多少中国文明，滋养着多少南北子孙。一条运河，太平盛世日，将扬州哺育得千姿百媚；风雨飘摇时，又被摧残得落花流水。一条河将扬州引进了迂回曲折的历史长河，悲喜交加又一江春水。你说这是一条怎样的河？只有问扬州。无论是称呼广陵，或者江都；无论赞其淮左名都，还是叹为赋中芜城。因为只有扬州，才知这条河，是怎样地越流越坚毅，又怎样地越流越富庶。

明清时期的扬州运河，翻滚的是白盐与白银的波浪，浪头一阵高过一阵。而运河之上的扬州城尽是盐官与盐商追逐人生梦想的实验场、精工坊，纸醉金迷，莺歌燕舞的人间天堂，园林草木深，四时皆为春。明洪武初年开中法（商屯）实施等一系列盐法变迁，从体制上促成了扬州盐商群体的产生、发展、兴盛和消失。扬州之繁华，在清朝达到空前鼎盛，继而便走下坡。当时扬州的富庶，不是来自运河灌溉的田亩，也不尽是田亩之上的勤劳与智慧，主要依靠盐商，以及垄断体制下的漕运。这一切还得感谢运河，直接与江海运输对流这一优势，还有江淮之间临海的两大盐场。所谓“关系国库，最为要紧”的两淮盐税，朝扬州一搁，可是朝廷垂直管理的经济命脉，筑巢引凤。全国的盐，运盐的船，以及经营盐业的徽商晋商，都来了。盐法规定，边地盐商领取官府掣给的盐引，转卖给内地运商，凭引赴盐场支盐。一捧盐，在扬州留下多少财富？又留下多少围绕财富而生的故事？盐商就是官商，从官督商销，到官商一体，正如运河与江海贯穿相融，春风怎能不十里，扬州如何不夜天。

写扬州，必书邗城

跟着邗沟的推进，一个鲜为人知的干国也活了。

古邗沟途经之线同时挖开了通往干国，亦称邗城的繁荣之路。干国为周代的方国之一，在被收入吴王掌心的同时，由一个名不见经传的城池而一举跃为扬州的前身祖庭。邗城的交通优势突显于众，人口红利急剧翻倍，经济地位节节攀升，并紧随战略要地的重要性与风险性，欣喜而坚定地站上了历史的风口浪尖，带来活力万千。历史跟着邗沟、运河一起流淌——越灭吴，楚灭越，兴高采烈的楚国美其名曰广陵。隋炀帝杨广，说不能与之同名，于是扬州又改成江都。他的依据是，此地江河都汇嘛。再后来又被改为南兖州、吴州，一直喊到隋文帝杨坚时才重又改回扬州。到了唐太宗时改为广陵郡，唐肃宗时则又复称扬州。历史记载，初悬风帆的全球化海运，逼高了扬州的国际贸易地位；商贾云集的阵势，腰缠万贯的大鳄，扬州一时成为“也是销金一锅子”。那个年代的扬州，在以淮河分为南北界的长江以北，可谓是响当当的大城池、大都市，扬一益二的全国排位。经商的日进斗金，征战的破城拔寨。你想不矫情，堵不住文人骚客的嘴，架不住金戈铁马的蹄。扬州在历史的翻飞更迭中，好像命中注定要成为商贾的赢利之池，兵家的必战之地。扬州的城门河口，成为历代王朝的拉锯之门，伤痕累累又经战不毁。每一块见听闻过吆喝与厮杀的城砖，渐渐如运河浪头一样，坚韧如铁。

不知燎过多少战火？踏过多少铁蹄？扬州应是一座英雄城。有文字记载的第一场浩劫，发生在公元450年南北朝时期，北魏太武帝拓跋焘率步骑十万渡过淮河，直逼长江北岸瓜洲，“坏民屋宇及伐蒹苇”，准备造筏渡江，攻打刘宋首都建康。次年正月退兵北撤，一路抢杀，扬州重创。时隔九年，孝武帝同父异母的弟弟刘诞坐镇扬州，兄弟同室操戈，刘诞及众亲被杀，扬州惨遭屠城。鲍照《芜城赋》可睹当年之惨烈。同时代的侯景之乱，扬州草木生灵殆灭，几成空城死地。但城市的根依旧还活着，百姓的爱还在萌动和生长，扬州遂得以复苏站起。公元1129年，北宋建炎三年，宋高宗败北南逃，引来金兵追杀，破城扬州，黑火遮天，横尸遍野。姜夔的《扬州慢》中“废池乔木，犹厌言兵”的感叹，可见城池的内伤之深，百姓的惊恐之痛。世人俱痛的扬州十日屠城，发生在公元1645年清兵南下，扬州又一次销毁殆尽。而至咸丰年间，太平军三下扬州与清军数度交战，令城池噩运连连。无论是史书记载，还是民间口传，深得江淮福祉的扬州，时又成南北过往征战的绊马索。她未能绊倒铁蹄，却时常扳倒自己的城头；她未能阻止战争，却无数次灭了自己的繁华与荣光。死而复生的扬州，因为大江长淮的血性，因为千里运河沉积的千年文明，城濒亡而犹生，生而华美。

听听今日历史考证的声音——扬州城遗址内涵的丰富历史信息和城市发展的空间关系，上可追溯到春秋，下则延伸至明清，具有层叠、连续、动态发展的城市特点；保存至今的各个时期城池的水系，显现出运河与扬州城的紧密联系和相互作用。也许历史都难以置信，城池演变过程全国少见的扬州，竟然如此娇媚又那般顽强坚定，不是宿命，是运河源源不断送来的生长的活劲与无畏。扬州城池一次次复建，一次次南移，强壮的不仅仅是一座城市，还有属于扬州的那一部融合了温情与豪情的历史。

蜀冈之上的汉广陵城依然巍峨，华盖丽屋，俯视着依偎长江运河的今日锦绣。唐城、唐子城虽以黄土大木作为身姿，依然沧桑而欢喜地端坐于扬州的西北高地。宋大城、宋夹城尽管沉睡于草木地下，却始终横亘着挺立时的雄伟身躯，仰望每一位扬州子孙幸福地嬉戏。明清老城，人丁兴旺，那些个彼时而生的地名，向后人述说着往日的每一回阴晴圆缺，每一袭拂之不去的欢欣与惆怅。比如“两岸花柳全依水，一路楼台直到山”的瘦西湖景区，还比如再现扬州不夜城的双东、康山街区，总有说不完的故事在流淌。

京杭运河扬州段 / 周泽华　摄

画中游 / 徐颖宏　摄

老街夕照 / 徐颖宏　摄

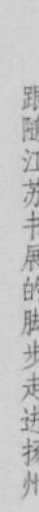

瘦西湖春色 / 周泽华　摄

谢馥春老厂 / 徐颖宏　摄

醉美书屋／徐颖宏　摄

盐商文化

经济的繁华势必作为推手，唤醒并激发沉淀已久的扬州文化的大兴旺、大繁荣。而扬州文化，由于融会贯通着江河湖海、南风北韵的多元基因，使得其具有代表性的盐商文化，依然鲜艳如初，活在运河里，活在古代文化与现代文明交相辉映的城市里。

所谓扬州盐商，用今天的说法就是新扬州人，是指寓居扬州，或者说坐镇扬州经营两淮盐业的商界达人。盐商到底有多富？有多雅？不妨瞧瞧当年盐商的场子——淮扬自古就是税赋重地，凭借政府给予的特权，他们获得了江苏、安徽、河南、江西、湖南、湖北 6 个省份的巨大市场，而这 6 个省份几乎就是当时中国经济最发达、人口最稠密的地区，因而成就了扬州盐商的鼎盛，也造就了扬州的繁荣。尤其是清康雍乾年间，扬州盐商的财富和影响力可谓达到了巅峰。来看一组数据——乾隆 37 年（1772 年），扬州盐商年赚银 1500 万两以上，上交盐税 600 万两以上，约占全国盐课的

60%。而这一年，中国的经济总量是世界的32%，扬州盐商提供的盐税占了世界经济总量的8%。扬州盐商富甲天下绝非一句虚词，“扬州盐商”几乎就成为彼时中国经济的一张名片。

其时，扬州的盐商文化，横空出世，包括园林山水、诗酒花茶、琴棋书画等一系列文化类型。且不说“天下西湖，三十有六”的瘦西湖，亭台楼阁、梅兰竹菊，在历经百年风雨后依然精美绝妙。全国四大名园的个园和晚清四大名园的何园，以及名门望族如明珠荟萃的南河下等私家园宅会馆，匠心独运，在历经若干浩劫后依然令人惊叹。只说说称为两条街的园子，康山街的花园，苏唱街的梨园，都是园林与诗酒茶的跨界，你足以透过残存的如烟繁华，一窥当年盐商纵横江湖的华丽扬州梦。

“千家养女先教曲，十里栽花算种田。”这是一种生活方式和艺术追求，写的就是明清时期的扬州城和扬州人，比“采菊东篱下，悠然见南山”更为实在也更接地气。但许多人或许不知，扬州运河大水湾处的康山街，原本不是一条街。明永乐年间，平江伯陈瑄浚运河，挖出的积土挑上岸堆成土阜。史料记载——正德中，康海以救李梦阳，坐交刘瑾落职，客扬州，构堂其上，与客宴饮、弹琵琶，撰杂剧《中山狼》以舒幽愤。天启、崇祯间，大理少卿姚思孝重葺，经董其昌题曰“康山草堂”。乾隆间，盐商江春重构，增设园亭池沼，蓄养名伶舞妓，礼聘蒋士铨撰《空谷音》与《四弦秋》传奇其间，所蓄春台班曾入京为清高宗祝嘏，为进京四大徽班之一。江败后，园入官。阮元领买官房，即康山正宅，街因康山得名。这么一个积土成阜的小山包，因为盐商的财富与文化的雅趣，竟然垒出一派大好风光。如果离开扬州，以及那个特定时代的滋养，你

吴道台宅第/周泽华　摄

阮元故居/周泽华　摄

瓜洲古渡/周泽华　摄

秀美扬州瘦西湖/周泽华　摄

夜色中的文昌阁/周泽华　摄

说能成吗？当然不能。再来说一说苏唱街，位于扬州老城的东南处，一东一南都邻近运河，与漕运码头、盐商宅第，以及众多商业老字号，融为一体，娱乐并愉悦着当时的上流阶层。也是明清时代，扬州盛行昆曲，苏昆艺人多集中寓居于此，建有老郎堂，祀奉祖师老郎神，兼作业内议事之所，称为“梨园总局”。《扬州画舫录》云：“每一班入城，先于老郎堂祷祀，谓之挂牌；次于司徒庙演唱，谓之挂衣。”所以，当年的苏唱街可谓扬州的娱乐中心，梨园红班，五湖艺人，均集中于此，无数次登台演绎自己的戏曲，还有官商权贵的如戏人生。后来的四大徽班进京献演，即是从此地一路华服北上，依然走的水路，曲折辗转。但名声大噪后，谁还会记得那年那月那条苏唱街……

除了曲艺娱乐界的万丈光芒，扬州盐商最大的文化贡献，是促成了扬州学派和扬州画派的伟大成就，绚丽着中国历史的文化长河。

清朝的学术思想集封建文化之大成，达到了前所未有的境界和高度，而扬州学派占据了十分重要的地位。清代扬州学派还是乾嘉学派中的一个重要流派。其最初形成受到安徽（皖）派学者戴震的影响，形成于扬州，后发展至浙江、江西、广东、北京等地，学术影响遍及全国。学派代表人物之一王念孙，著有《广雅疏证》《高邮王氏遗书》等，又据王国维补记，尚有：《古音义索隐》等训诂著作。代表人物之二焦循，著有《易章句》《易图略》《易通释》《邗记》等传世本。代表人物之三阮元阮太傅，著有《皇清经解》一千四百卷等巨著。代表人物之四刘宝楠，著有《论语正义》等学著。代表人物之五刘文淇，著有《扬州水道记》等文集。扬州学派正是因为不立门户、不重声气，实事求是，具有“广大圆通”而又专、精、深的气象，在名物训诂、专经研究、辨伪、校勘、辑佚以及编书、刻书、藏书和自然科学、哲学思想等学术层面，进行了精益的考证，大胆的诊断，全新的理论，深刻的批判，以致在考据学盛行的乾嘉年间，赢得四方美誉。汪中、焦循、阮元等大腕，不光是做学问、编著作，还写有令人高山仰止的诗文，堪称集诸家于一身，为中国清代学术研究做出了杰出贡献。

据《扬州画舫录》记载，以“扬州八怪”为标志的清代扬州画派，在康乾盛世，聚集了来自五湖四海的四百多位书画名家，他们共同酿造着扬州艺术的醉人美酒。又据《瓯钵罗室书画过目考》记载，除了汪士慎、黄慎、金农、高翔、李鳝、郑燮、李方膺、罗聘这八位大师，后人又将边寿民、高凤翰、杨法、李葂、闵贞、华嵒、陈撰等大神划入“扬州八怪”之列。大师们的画风为何要怪？得说说那个年代和他们的胸怀。他们中的大多数人或仕命不济或始终一介书生，对百姓疾苦深有切察，且表现出愤世嫉俗的倾向。生活中他们大都清贫潦倒，却又不甘为五斗米折腰。虽没有身份，却个性十足。他们的画题以花卉为主，也画山水、人物，一边传承着徐渭、朱耷、石涛的创新路数，一边反对当时的泥古浊流，主张自立门户，打出自己的一招一式，在世人的眼里他们被视作偏师、怪物。而时间是最优秀的评委。事实上，“扬州八怪”将中国传统的写意绘画发展到了一个全新的高度，深刻影响着近代写意花卉画的意趣和技法，教诲着齐白石、陈师曾、徐悲鸿、潘天寿、来楚生等近现代中国画大师。

扬州的盐商文化恰如一粒精盐，融化着提振精气神的咸味。这一口咸味，让扬州、让中国、让世界，至今回味，且滋补着我们的心灵。

文章太守韵犹在，全民阅读书声稠

如果来扬州，看园林草木，便能看到扬州的气色，如烟花三月的三步桃柳，春色洋溢。个园的一副楹联“几百年人家无非积善，第一等好事只是读书”，让人感受到扬州的文化气质，这种气质是内敛而深刻的。“堂前无字画，不是旧人家”，可见此处，无论高屋或是巷陌，从来就是一座崇文重教的书香城市。

先从扬州的前世蜀冈说起。一座气象万千的平山堂，令人忆起为官扬州的宋代“文章太守”欧阳修、苏东坡。两位文豪泰斗，将文化扬州一时间吟唱得春风和畅、华光万丈。欧公的平山雅集，余脉绵长，一直芬芳到清代王渔洋的虹桥修禊，诗文盛会，文化风劲。师生俩都在平山堂前著有诗文，先看欧公的《朝中措·平山堂》：“平山栏槛倚晴空，山色有无中。手种堂前垂柳，别来几度春风。文章太守，挥毫万字，一饮千钟。行乐直须年少，樽前看取衰翁。”其时，他已离任扬州整七年，但仍念念不忘这片心爱之地。后来，苏轼置身于恩师所建的平山堂，俯仰间还可触摸欧公手迹，情不自禁写下《西江月·平山堂》：“三过平山堂下，半生弹指声中。十年不见老仙翁，壁上龙蛇飞动。欲吊文章太守，仍歌杨柳春风。休言万事转头空，未转头时皆梦。”师生二人看似写的平山堂，实是想念生活在扬州的每一个幸福日子。

倡导读书、爱书藏书是扬州人自古沿袭的传统。古运河西岸上的扬州吴道台宅第及其藏书楼——测海楼，名扬中外。“测海”二字出自《汉书·东方朔传》。其义为：学深似海，登斯楼读书，无异于以蠡测海，含有“学无止境”之意。当年测海楼的藏书量已达8020 部 247759 卷之多，其总卷数是浙江宁波天一阁的三倍。主人吴引孙、吴筠孙每购置一部书就作一记录，记下所购书的卷数、函数、购买的钱数，悉心盖上“真州吴氏有福读书堂”的藏书印，还组织人员将所藏书目集中编撰成《扬州吴氏测海楼藏书目录》，并刻印成书。主人还自撰楹联“有福方能坐读书，成才未可忘忧国”，甚至将读书堂谓之“有福读书堂”。正是因了读书，使这座宅第后来走出了中国近代史上的“吴门四杰”。

扬州的文化魅力还在于遍地是诗文，从平山雅集的追忆到虹桥修禊的复兴，从虹桥书院的复建到城市书房的构造，无不渗透着扬州人爱读书、好读书的精神气质。

据记载，在唐代，有一半以上的著名诗人游历并歌咏过扬州。留住“诗歌之城”的文化根脉，就是要将古今情怀融为一体，心口传承。一年一度的虹桥修禊已由政府主办，成为诗歌与城市发展的一场盛会，近百位中外著名诗

富春花局/徐颖宏　摄

院落/徐颖宏　摄

年蒸/童剑锋　摄

年货/童剑锋　摄

人等文化名流，走近扬州，歌咏扬州，助力扬州。

扬州北门外的虹桥书院，康熙二十二年，由两江总督于成龙所建，后来毁废于嘉庆年间。扬州诗人、企业家蔡明勇于2015年底投资复建，特邀扬州大学文学院教授、著名诗歌评论家叶橹先生担任首任院长。书院藏书一万余册，诗集和诗歌理论著作居多，其中四千余册为叶橹先生毕生收藏。正如两位诗人所言：复建、成立虹桥书院，意在继承扬州历史文化遗产，传承发扬人文扬州博大精深的城市气质。书院成立以来，举办了“中国新诗百年论坛”等二十多场在全国产生了重大影响的诗歌活动。

新时代的扬州积极构建“四位一体”的公共图书服务体系，无论你在扬城东南西北的任一方位，总有一间具有扬州特色的24小时“城市书房”等着你；老城新区的居民可直接上社区流动图书点，还有全年无休的24小时自助图书馆、农家书屋等等；以及对接新媒体的“掌上图书馆”“微信图书馆”和“电视图书馆”，随时随地欢迎你翻开书页。文化雅集如春风徐来，既为扬州守住了千年文脉，也为这座城市的发展注入了全新活力。

扬州的诗文气息除了书卷、书院，还有文脉同传的富春茶社、月明轩、惜余春、碧螺春、四时春、如意园、小觉林、老龙泉、大三元、九如茶社等餐饮老字号，创造并丰富着文化浓郁的红楼宴、三头宴等淮扬菜品。老教场的惜余春曾有诗云：教场惜余春，驼子高先生；破桌烂板凳，满面是诗人。这哪是吃早茶呵，整个一诗人盛会。由此可见，扬州菜看似一桌佳肴，实为诗文铺陈。可与琴棋书画、诗酒花茶同列一席。正如扬州市作协秘书长、百年富春总经理徐颖宏所说，“早上皮包水、晚上水包皮”的扬州生活，充满文化的由头与内容；古代经济的兴盛繁华滋养着扬州文化的百花齐放，同时也唤醒并创新扬州菜的文化味蕾；无论是寻常百姓的家常菜，还是百年富春的三头宴，从色香味形等诸多方面，皆渗透着浓郁的文化元素，并自成一体，在中国甚至世界餐饮界独占鳌头。

扬州到底是一座怎样的城市？记得在第六届书展开幕之时，时任扬州市市长朱民阳先生在回答记者提问时，很风趣地说道，如果让我来推荐一本书，这本书就是我们扬州。扬州就是一本很厚重的书，一本读不完，读了还想读的书。

（本章由扬州作家茆卫东先生撰稿）

江苏书展
書香運河 風雅揚州
江苏致敬作家
格 非
江苏致敬作家
曹文轩
江苏致敬作家
刘 东

贰

第二章

阅读大讲堂　聆听三位『江苏致敬作家』的声音

—

“阅读的盛会，读者的节日”。

2016 年 7 月 8 日—7 月 12 日，

第六届江苏书展在位于扬州明月湖畔的扬州国展中心举行。

三百八十多家出版发行单位、十二万多种出版物、

数百场极具扬州特色的阅读推广活动齐齐亮相。

这一届江苏书展首次推出了三位“江苏致敬作家”，

分别是曹文轩、刘东和格非。

在书展现场设立的“书香中国·全民阅读大讲堂”上，

一大批读者有幸聆听了三位精彩的演讲。

—

曹文轩，
中国儿童文学作家、
北京大学教授、
当代文学博士生导师、
中国作家协会鲁迅文学院客座教授。

1991 年，推出小说《山羊不吃天堂草》。
1997 年，出版小说《草房子》。
1999 年，出版小说《根鸟》。2005 年，推出小说《青铜葵花》。
2016 年 4 月 4 日，曹文轩获“国际安徒生奖”，这是中国作家首次获此殊荣。
2017 年 3 月 31 日，2016-2017 年度“影响世界华人大奖”获得者。

曹文轩纵论读书之意义

关于阅读的意义，可以说出十条、二十条乃至更多。今天我说十三条，也就是十三句话。有些观点属于我个人的意思。

第一句话是：只有阅读，我们才能成为高尚的人。

阅读是对一种生活方式、一种人生方式的认同。阅读与不阅读区别出两种截然不同的生活方式和人生方式。两者之间有一道屏障、一道鸿沟，两边是完全不一样的风景。一面是草长莺飞繁花似锦，一面肯定是一片令人窒息的荒凉。

关于人的定义，生物学是这么下的：两腿直立行走的无毛动物，叫人。现代人的定义是：一种追求精神并从精神中获得愉悦的动物，叫人。这种动物是需要通过修炼的，而修炼的重要途径，就是对图书的阅读。

这个世界上只有一种生命会读书，这就是人。能不能读书，是人和其他动物的根本区别。但有一种人却认为，读书是无关紧要的。他们不阅读，只是浑浑噩噩，哪怕书堆积如山地矗立在他面前，也不去思考一下，书是什么？书与人生与生活有何关系？吸引这些人的东西是物质，是金钱。再就是各种各样的娱乐，比如麻将，比如赌博。

至于那些明明知道阅读的意义，却又经不住被此类享乐诱惑而不去亲近图书的人，我们更要诅咒，因为这是一种主动放弃的堕落,几乎可以说这是一种明知故犯的犯罪。

阅读与不阅读，是两种存在观。

古人对读书很在意。尽管读书人在社会上的地位不高，但读书与读书人是两回事。看不起读书人，但却看得起读书，于是留下了许多发奋读书的故事。

如果你想成为一个高尚的人，你就必须阅读。这是我要说的第一句话。

第二句话是：只有阅读，我们才能成为富有的人。

天下的事多到不计其数，我们不可能每一件事都亲自去做。人这一辈子无论你怎么辛劳，怎么勤勉，也无论你怎么东奔西跑，实际上你只能在一个非常小的范围内经营生活、经营人生，个人经验可以说是九牛一毛。正因为此，我们对世界很难有一个完整的认识和把握。人匆匆一生，对生活、对人生的理解，实际上非常微不足道。

但人很聪明，不仅发明了文字，还会用文字书写，而书写的结果就是把自己的经验通过文字而转达给别人。

一个识字的人，只需要坐在家里，就可以走出他那个非常狭小的生活领域，进入一个无边的疆域。明明是身居斗室，却从别人的文字里看到无数别样的图景。看一本书很简单，但却等于在接收另一个人的财富。看十个人的书就等于接收了十个人的财富。你书读得越多，也就意味着你的财富越多。所以说，你想成为一个富有的人，你就必须读书。

你会一天一天地发现，读书使你的心灵宛如秋天雨中的池塘逐渐丰盈。又像是你从前只有几文小钱，而随着书一页一页地翻过去，你的仓库一天天地丰富起来。临终之时，你居然觉得自己坐拥金山银山，你的仓库是那么丰富。此时，你觉得死而无憾，于是满足一笑撒手人寰。

这是我要说的第二句话。

第三句话是：只有阅读，我们才能成为有境界的人。

这个世界上有一种人，他们不仅将自己的经验转赠给别人，还试图利用自己的创造能力引发新的经验，引导你进行新的实践。这些知识预设在你的大脑里头，令你在面对一些司空见惯的事情时反而发现了新意。比如我们观察大自然，自然只是显示出它本来的样子，既不美也不丑，而你为什么会觉得它美呢，那是因为你的大脑里头有和这个美相感应的知识，所以才觉得它是美。

一道光很美，一棵树很美，那是因为你知道美。这目光一定是知识的目光，是因为你的目光有了知识，所以这个自然看上去才是美的。

举一个例子，中国现代文学史上有一位非常有名的作家，他叫废名。他有一部长篇小说《桥》，《桥》里头有一个画面：一头水牛从一棵梨树下经过，身体触碰到了那棵梨树，树上的梨花纷纷落在牛背上。大家想一想，如果牵着这头牛的是一个不识字没有知识的农夫，那么这个情景是不会引起他审美享受的。因为他没有这种关于美的感觉。

可废名先生是个读书人，这样的情景在他看来，是一幅多美的画面。所以他才会生发出美的感叹。

还是这个长篇小说里头，我记得还有一个细节：奶奶老了，满头的白发。孙女才十几岁，一头乌黑的黑发。这一天奶奶看到孙女在前面走，心里就起了一种伤感，叹息了一声说，我的头发全白了。

你知道她的孙女是怎么安慰她的吗？孙女说，奶奶，白头发、黑头发到了夜里都是黑头发。这句话，这个思想，这个境界，我可以肯定地说，不是那个小女孩的，而是废名先生的。

我还想起一件事情。有一年北京市作协组织一个活动，领我们一批作家到北京郊区钓鱼。我们的领队也是一个作家，他还是中国钓鱼协会的常务理事。他为我们每个人准备了一副钓竿。

那天我们坐一辆大巴来到了北京郊区，在一个特别大的鱼塘里垂钓，从早晨到中午，我们居然没一个人钓到一条鱼。我们的领队，那个钓鱼协会的常务理事，也没有钓到。

于是我们就放下钓竿，跑到他面前讽刺挖苦他——我们钓不到还情有可原，你怎么可以钓不到呢？

大家七嘴八舌地说了不少，可他一脸淡定地坐在马扎上，望着平静的水面继续钓他的鱼。

他的稳坐钓鱼台激起了我们的愤怒，我们用更恶毒的语言去攻击他。他终于把钓竿放下了，回过头来，在我们这些人的脸上不屑一顾地看了一眼说，跟你们这帮家伙出来钓鱼，太无趣。你们知道什么叫钓鱼吗？钓鱼钓鱼，重点在钓，而不在鱼，你们懂吗？

这是什么？这就是一种境界。而这个境界哪来的？可以肯定地说，是书本给他的。

读书就有这么一点好处：它能让生活中一件看上去非常平庸的事情变得不平庸，一件非常灰色的事情变得富有光亮。一件让你感到非常尴尬的事情，在瞬间转化成一个很有境界的事情。

读书的好处实在是太多太多了。这是我讲的第三句话。

第四句话是：只有阅读，我们才能成为心境淡泊的人。

人之初，性本浮躁。你落潮而长，渐入世俗，于滚滚不息尘土飞扬的人流中很难脱浊流而独立冥想。这个情况下，只有书可以助你一臂之力，救你出这个局。

我们先不说书的内容会让你如何静心，仅读书这个形式，就能使你在喧哗与骚动中步入净土。

我想大家都有这个体会：当你还没有打开那本书，只是把书捧在了手中，奇妙的效果就产生了——它能让你安静下来。书具有仪式的作用、仪式的力量，有时甚至超出仪式的内容。

时至今日，大工业轰轰隆隆，商业化铺天盖地，自由主义无节制地招摇，现代情绪蔓延。人虽然日益感到孤独，但却在种种吵嚷中心神不定，陷入一种更大的浮躁。此时的出路大概也只有读书了。

记得那一年我在东京大学教书。因为在日本逗留的时间较长，期间我的几个研究生毕业后分到的工作都不太好，他们就给我写信，信中有怨气。我就给他们复信。记得信里有这么一句话。我说，任何时候，任何地方，只要不将书丢掉，一切都不会丢掉。

书能够让你避免人生的恐慌，让你沉静下来。这是我要讲的第四句话。

第五句话是：只有阅读，我们才能成为高贵的人。

读书与不读书的人是不一样的，这从气质上就可以看出来。读书人的气质是由连绵不断的阅读潜移默化养成的。

有些人就其外在而言毫无魅力，甚至可以说很不完美。

但读书生涯却使他们由内而外获得了新生，依然还是从前的身材和面孔，却有了一种比身材面孔贵重得多的东西，那就叫气质。

一批人站在那个地方，或坐在那个地方，他们中间谁是读书人，谁不是读书人，其实是不用介绍的。从他的衣着、举止甚至眼神中，大致就能判断出来。

读书就有这样奇妙的作用，它不仅能改变你的内心世界，甚至能改变你的外部形象。

我认识一些先生，当他们安坐在藤椅上向你平易近人地叙事或者论理；或站在讲台上，不急不躁地讲述他们的发现、他们的观念；你会觉得这些先生真是很有神采，而且他们的形象会让你过目不忘。

有时候我在想：如果这些先生不是读书人又将如何？且不说他们的内心因精神缺失而陷入平庸与俗气，恐怕连外表也很难让人恭维。于是，我们就会惊叹读书的后天力。它居然能将一个外表平平甚至偏下的人变得如此富有魅力，使你觉得他们很有风范，让你仰望。

我到鲁迅的老家绍兴，来到一所小学校。我对那里的孩子们讲，你们这里曾经出现过一个伟大的文学家，孩子们立即大声地骄傲地喊——鲁迅。

我说，对，鲁迅。可是这个小老头，假如不是一个读书人，估计他走在你们的大街上，都不会有人拿眼睛去看他一眼。为什么？因为这个小老头长得太一般了。我就指着坐在前面的一个男孩，对他说，你长得比鲁迅好看。你的眼睛又大又黑又亮，还是个双眼皮。可据我观察，鲁迅的眼睛不那么大也不那么黑和那么亮，也不是双眼皮。

孩子们都笑了。我又接着说，可就是这个鲁迅，他当年留下的一些黑白照片，当我们今天面对这些照片的时候，是一番怎样的感受？我们犹如来到了大山之下，就是有高山仰止之感。就是这个小老头，他身上有一股力量，一股气势，这个力量和气势大到让你感到震撼。甚至还有一点点压抑。这个力量这个气势哪里来的？唯一的解释就是书本给予的。

鲁迅，他是一个读书人。这是我说的第五句话。

第六句话：只有阅读，我们才能成为有眼力的人。

说到底，读书培养的其实是一种目光，一种眼力。我一直想写一本书，书名不妨叫作《目光史》，写写人类的目光的历史。这本书里肯定会有一章，说说“阅读与目光”。不读书的人，是没有目光，没有眼力的。他们既不能发现前方，也不能发现现在，当然也无法发现过去。

我在想一个问题：我写了《草房子》。《草房子》从第一版到现在，已印刷三百多次，发行量有一千万册。如果我没说错的话，在这个时间段里，中国还没有第二本书有三百次印刷的记录。

写完《草房子》相隔七年后，我又写了一本叫《青铜葵花》。现在已经印了两百次，同样也是创造了一个纪录。

有时候我就在想，我写的这些故事不光是只有我知道，和我一起长大的那么多男孩女孩都知道，甚至还有许多我不知道的他们也知道。可他们为什么没有写出一部《草房子》？为什么没有写出一部《青铜葵花》来？我每年回家和他们吃饭和他们聊天，聊天的过程里头我发现：许多往事我还记得，可他们不记得了。一些事情在我看来价值连城，可他们居然无动于衷。

原因何在？道理非常简单，这就是我运气比他们好。我后来得天时地利人和，我读的书比他们多，书本帮我培养了一种目光、一种眼力。这种目光、这种眼力使我能够发现从前，发现现在，还发现未来，而他们不能。

读书人，读着读着，就有了过去、现在和前方——风景无边的前方。

这是我想讲的第六句话。

第七句话是：只有阅读，我们才能成为姿态优雅的人。

人类无疑是所有动物里四肢发展最完善的一种动物。

天空的鸟飞得再漂亮，也就那么几个动作；一条狗任你怎么训练，不外乎几个动作。可我们人就不一样了，你去看电视，那个现代舞、街舞，难道你不会惊讶：哇，怎么会做出这么多动作，摆出这么多姿态？而且，这些动作和姿态之前你都没有看过。我们谁能设想，未来的人还能做出多少动作摆出多少姿态？你能说出这个数字吗？告诉你，永远不可能。

造物主创造了我们，我们对造物主的回报之一就是向他展示我们各种各样优美的姿态和动作。

你们想过没有，我们为什么会有舞台，会有体育，会有服装模特的T型台？这些空间是用来干什么的？简单地说，是用来展示我们身体的，展示我们的姿态和各种各样的动作。

人类，恐怕最得意的就是在这个世界上，没有任何一个物种能像人类那样，摆出那么多的动作和那么多的姿态来。可是有一天，造物主对人类讲，你们知道吗，你们最优美的姿态是读书。

在这个世界上，难道还能有一种动作、一种姿态比读书更优美更优雅吗？难道还有比读书更值得赞美的动作和姿态吗？我们应当看到，人类的那些可以炫耀可以供人们欣赏的千姿百态，正是因为有了读书这个姿态的垫底，才能抵达最美最高的境界。

这是我要说的第七句话。

第八句话是：只有阅读，我们才能成为有情调的人。

人来到这个世界上，本来是没有情调的。后来有了，怎么有的，是因为我们发明了文字。

文字写成了书，你在阅读过程中逐渐成为了一个有情调的人。

许多优雅、许多情调，可能都与那些诗、那些词、那些散文、那些小说有关。

要成为一个有情调的人，你要不要读书？你不读书，会成为一个有情调的人吗？大概永远也不可能。

这是我要说的第八句话。

第九句话：只有阅读，我们才能成为获得平等人权的人。

先讲一件事。几年前，瑞典大使馆的文化参展爱娃女士陪一个瑞典作家到我家做客。当时中国和瑞典有一个文化项目，即两国各出一位作家，共同写一个东西。然后，瑞典作家的文字要翻译成汉语，中国作家写的东西要翻译成瑞典文，由两个国家分别出版。

那个作家就是瑞典选择的，中国选择的是我。他们来我家就是商量这件事。

交流的过程中，那个瑞典作家无意中讲到了一个例子。说有一个人家有两个儿子，老大因为当时家里的经济条件不好，没能上学读书。后来，家庭经济条件开始好转，老二上学读书去了，受到了完整的良好的教育。多年以后，一个科研机构对兄弟俩的大脑进行了一次科学测试，测试的结果表明那个没能上学读书的老大，大脑发育是不完善的。

我因此认为，阅读从根本上讲，是一个人道主义行为。

我还想起了马克思主义。我把马克思主义看成是人道主义。因为马克思、恩格斯一生最崇高的理想就是让那些穷人能够上学读书，能够阅读。马恩发现所谓的人类解放、平等、人权须有一个前提，这就是知识接受的平等至上。如果没有这个前提，我们谈人权，谈平等是没有可能的，当然也是没有意义的。

在座的岁数稍大一点的朋友，可能会有这样的体会，一个人家兄弟姐妹六七个甚至七八个。老大可能是哥哥可能是姐姐，家里的经济条件不好而没有上学，后来的弟弟妹妹们都读书去了，受到了良好的完整教育。

多年以后，这些弟弟妹妹们对这个哥哥或姐姐特别的好，可你们想过没有，在这个家里，那个哥哥或姐姐与那些读过书的弟弟妹妹们真的能够在真正意义上平等吗？

无论这些弟弟妹妹对他们的哥哥或姐姐怎样好，但彼此之间却是不可能平等的。道理很简单，那个哥哥或姐姐和他们的弟妹相比，对这个世界的感受一定会少很多。

同样是一轮太阳，彼此的感受就大不一样。从这个意义上讲，他们不可能真正获得平等。

所以我说，要想获得真正意义上的人权，你就必须读书。否则，这个人权对你来讲便是奢侈品，你无法享受，别的再亲的人也无法给你。

这是我要讲的第九句话。

我讲的第十句话是：只有阅读，我们才能成为有创造力的人。

我们每天都在讲创新，讲创造，可没有知识不读书，你会有创造的能力创新的能力吗？

我到一些学校做演讲，经常会被小孩和老师提一个问题：你写作的灵感哪里来的。我的回答很简单，何谓灵感？

灵感就是知识积累到一定程度之后的突然爆发。

不读书何来灵感？只有读很多很多的书，才可能享受灵感的光顾。

我在讲阅读和写作的关系的时候，常爱打的一个比喻是，阅读是一把弓，写作是一支箭，没有这个弓，哪有这支箭？弓的力量越大，这个箭就射得越远。

第十一句话是：只有阅读，我们才能成为一个快乐的人。

读一本书，你收获了一个观点，收获了一点思想。那一刻，你会有一种快乐。比如，我刚才讲到的落花水流，它让你有一种审美的愉悦。看一本书，书里头有一个充满哲理的道理，然后你明白了，就会有一种思想上的快感。

随便举一个例子。有一首诗是这样写的：把鸟笼子打开，把自由还给——，你一定认为接下来的两个字是小鸟，常人都会这么想，可这个诗人却没这么写，他说，把鸟笼子打开，把自由还给鸟笼子。

当你读到这首诗的时候，会不会有一种快意？

骑过自行车的人大约都会有这样的体会，最大的快意是在拐弯的时候，对吧？骑摩托车的小伙子，最来劲的是那个车几乎侧着拐弯，在这个拐弯处获得一种快意。

我看过一本童话书，叫《十只小鸟过大河》。十只小鸟来到一条大河边，准备过河。可画面出现了一座桥，当时我在心里就嘀咕，这个画家怎么这么笨，怎么把桥画出来呢？但我错了，人家小鸟都不想从那个桥上过去。河边放了十样我看不明白的东西，后来我才知道，那些小鸟，就是用这些东西过河了。比如说有一个鸟是通过巨大的弹弓过去的。

这本书告诉了我们一个非常深刻的哲理：就是进入这

2016江苏致敬作家
2016江苏
致敬作家
精品展台

曹文轩 著
火印

曹文轩 著
草房子

曹文轩 著
青铜葵花
典藏纪念版

个世界的方式可以是多种多样的，这个世界有着多样的可能性。读这样的书，想你一定感到快乐。

我的第十二句话是：只有阅读，我们才能成为享有公民称号的人。

我想说，如果你是一个公民，你就应当阅读，这是你的义务和责任。

平时，我们谈得较多的是阅读对于个人的修身养性，但作为一个公民，读书其实还是一种义务和责任。阅读是为了民族和国家，为了人类。

公民社会的质量是由每一个公民的质量决定的。当年周恩来讲，为中华崛起而读书，就表明读书的意义比我们通常所说的修身养性要宽广得多。就中国而言，如果要高高地立于民族之林，公民的阅读应看成是国家的第一要务。

实现中国梦，必须建立在全民广泛阅读的基础之上，这个梦才能实现。

至于第十三句话，我只是说出来，而不作任何解释。这就是：只有阅读，我们才能成为能够到达天堂的人。

这句话的含义，望各位去琢磨。

好，我就讲这些。谢谢朋友们，谢谢！

他学贯中西、潜心国学，可以说是“读百家书、译百家书”。他主编了中国学界两套规模最大的译丛——“海外中国研究丛书”和“人文与社会译丛”，为中国学术界输入了一个又一个知识增长点，为当代中国的出版事业增添了光辉。他是当代最具独立精神的学界“动手派”，以毕生之力为再造传统奔劳呐喊，他始终坚信用书铺成的人生之路芬芳永远、历久弥香。

书香江苏形象大使、2016江苏致敬作家、著名学者刘东开讲“汉学与国学”。

刘东开讲　汉学与国学

我既在主持中国的汉学工程，同时又在主持清华国学院的复建，国学与汉学之间有什么微妙的张力？这个正好是关于当代中国研究的内部研究和外部研究,即国学是内部研究，而汉学是外部研究。这两个研究本来就是相互共生的，它们也有可能在相互补证的时候获得两全。

早期的清华国学院，是有“梁王陈赵李”这样一个导师班底的国学院，当年他们这种互补和支撑的关系是比较良好的。如果我们的国学太弱势，那么汉学的压力会使得整个中国的实践、中国人对自己的文化的认知发生变形，会带来巨大的实践上的恶果。我呢，生性就是不大安分，总是不断地在变。尽管我离不开书斋式的生活，因为那个书斋是你获得思想自由的地方。可是我又不愿意循规蹈矩地做学问，因为这规矩有可能是需要你去反思的，我要沿着自己的心相，先开辟出一些机构或者规则来，然后再依托这种新创的机构和规则，更加可靠、更加合理地向前行进。

一方面，我是“海外中国研究丛书”的创办者，这套卷帙浩繁的丛书从1988年创办以来，已经出版了接近170种，在学术丛书中间堪称规模第一；另一方面，我又是清华国学院的主要复建者,这个学院的规模虽然不太大,自2009年复建以来，它承袭了早期导师既厚重又灵动的学风，以继续弘扬所谓“独立之精神、自由之思想、批评之态度”，这是我们陈寅恪先生的话，所以从一开始就备受学术界瞩目。正因为这样，今天呢，我就受邀到这儿来现身说法。

一方面你是在不遗余力地译介海外的汉学，另一方面又不遗余力地去弘扬海内的国学，这两种不尽相同的学术努力，究竟是互相背离、矛盾，还是相互支撑、补充？是此消彼长，还是相得益彰？进一步说，如果在汉学和国学之间发生了这种持续的对话，那么这个对话的具体内容和指向是什么？会把我们对于中国文化的体认带到什么样的文化倾向和知识语境中去？这就是我今天要讲演的内容。

这是陈丹青的一幅画像,画的是原来清华国学院的“五老”——梁启超、赵元任、王国维、陈寅恪、李济。我的老友、北大李零教授，他挖苦过以前有段时期的一种现象，说“那个时候的人还敢小觑汉学”。他的意思是，在研究中国文化的问题上，我们对于我们的海外同行有很大的、由来已久的误解：一方面，我们有很强的“诺贝尔情结”，想要被人家引用或承认，只要得到他们的重视，就算为国家挣脸，也比国内同行高了一大截；但另一方面，我们又看不起他们的研究，握手归握手，拥抱归拥抱，人一走，扭脸就说：“话都说不利索，字都认不全，做什么学问？”

其实，很多汉学家他们可根本没把咱们当回事儿，他们的学问也不像我们想象得那么差。我们要知道，第一，他们的学问是在我们之外，用另一种语言、另一种规范，从教学到研究都运转自如、自成系统的学问，并非离了我们就活不了；第二，他们人数虽少，却坐拥国际学术而自大，我们人数虽多，却只有地区的资格，小和大之间的关系是以位置而定；第三，他们对我们看重的是材料，而不是研究，我们认为的优势，异地而观之，反而是劣势所在，包括很多我们认为写得很好的论文，他们不看，他们只是看你的材料。

这是李零的意思，这是过去一段时间的情况。但我要说，我们这个早期的清华国学院，一开始就不是这样的，并没有坐井观天地小瞧过别人，也没有不知自重地为别人所轻视。

比如当年的导师王国维，就跟国际学术界、汉学界有广泛的交流，正因为这样，陈寅恪先生才在王国维的悼词中有这么三句话："当世通人数日游，外穷瀛渤内神州。伯沙博士同扬榷，海日尚书互倡酬。东国儒英谁地主？藤田狩野内藤虎。"我来解释一下，"伯沙"，"伯"是伯希和，"沙"是沙畹，法国的两位汉学大师；"海日尚书"，是沈增植，也是一位国学大师，所谓"三百年来第一人"，是王国维先生比较佩服的一个人；"藤田狩野内藤虎"是三个日本人，藤田丰八、狩野直喜与内藤湖南。我们由这个悼词可以看出，王国维当年的交友圈子，除了本国的学者沈增植之外，更有法国和日本的汉学大师。也就是说，在上个世纪之初，这个早期的清华国学院就已经相当国际化了。

不久前，我的好朋友在伯希和的遗物里找到了一份非常珍贵的信。这封信保存完好。信封上有四行字:“请/陈寅恪先生面交/伯希和先生台启/王国维拜托”。信封上印有“北京清华学校”的字样及英文。王国维在这封信里写到:“伯希和先生左右……兹有恳者友人陈君寅恪，先在美国、后在英德两国研究东方各国古文字学，而未得一见，先生至以为憾，故远道遗书嘱弟为之先容，敬乞先生赐见。陈君欲请益之处甚多，又欲览巴黎图书馆中先生所得敦煌各处古籍，祈先生为之介绍并予以便利。至为感荷专肃敬候近祺不一。弟王国维敬启。阴历七月廿四日。”

这是王先生的手迹，这封信在整个《王国维全集》里面都没有。我们由此可以遐想：一定是王国维先生收到了陈寅恪先生的来信，请王先生写一封信托人带到巴黎，他再在巴黎面交给伯希和。

之前中山大学的桑兵教授说，经王国维介绍，陈寅恪在巴黎拜见了伯希和，并在其家中看到了《元秘史》。他说的这个时间是 1922 年。

不过我们从这个最新发现的书简的信封和信笺来看，陈寅恪拜见伯希和这件事，我们应该把桑兵的说法往后移三年。因为王先生已经开始用清华国学院的信封和信纸了，那就说明王先生已经到了清华，他哪年来的？1925 年。而且王先生到清华两年后就死了，那只能是 1925 年和 1926 年。而陈先生是 1925 年开始回国任教的。这封信的日期是“阴历七月廿四日”，阳历是多少呢？应该是 1925 年的 9 月 11 号。

我们顺着上面的话题再往下讲，那个坐船回国的陈寅恪，在这方面更是国际化。他任教清华国学院之后，给同学开的第一门课叫做“西人之东方学之目录学”。他的课学生能听懂的很少，因为当时都是旧学的底子，听到一二十门外语的时候感到很困难，大家也就都没记下来。最近有一个学者陈怀宇，他在美国亚利桑那大学教书，他说，“西人之东方学之目录学”实际上是一本德文杂志，那个杂志的名字叫《东方学目录》。尽管从治史的方法来说，我们觉得还是应该谨慎一点，不能在一门课程和一套杂志之间直接划等号。不过我们如果再往下翻，陈寅恪接着那个课以后又开了几门课，看这些课便知道，陈寅恪刚刚回国任教的时候，他的学术规划是更加国际化的，干脆就是研究东方学，而且他心中的这个东方学是把中国放在其中的，东亚都放在其中的。陈寅恪后来因为突发眼疾，没办法再进行东方学研究，因为他要靠助手念书给他听，但没有人懂那么多的外语。在当时的中国很难找到这样的助手，所以他就开始逐渐地限于只做国学研究了。但即便这样，如果看他的《唐代政治史述论稿》这本书，就会发现，陈寅恪的格局和视野是不囿于一个国学之内的。

由此可以看出清华国学院创立伊始，就像王国维早已自觉到的那样，讲究“中西二学，盛则俱盛，衰则俱衰，风气既开，互相推助。且居今日之世，讲今日之学，未有西学不兴，而中学能兴者；亦未有中学不兴，而西学能兴者。”

我的老师之一、台湾中研院唯一的大陆院士张广达先生说，王先生其实是被西学开了智以后再进入到国学研究的，所以他所有的想法都跟别人不同。刚才不是说到沈增植先生吗，你们如果去看王国维的年谱，写的信都是说乙老（沈曾植）学问很大，但乙老不会问问题。后来沈增植见了王国维就说，你那么会问问题，你能帮我出几个题目，也让我打发打发无聊日子。王国维为什么会问问题？他是代表西学向国学问问题。按照张广达先生的说法，他因此就获得了很多很多不同的学问，最后表现出惊人的贯穿能力和综合判断能力。

我们中国近代教育史上有两大神话：一个是清华国学院，一个是西南联大。清华国学院一共只存在了 4 年，收了 71 个学生，大概有 50 个学生成为后来学术界的中坚，包括徐中舒、王力、姜亮夫、高亨等等，那真是中国学术界的半壁江山。只存在过 4 年，学历只有 1 年，为什么命中率这么高？导师的格局非常之大。他们不仅仅是国学非常深厚，而且也是当时中国最通晓西学的人。王国维，中国第一个阅读康德、叔本华、尼采的人；梁启超，虽然他只懂日语，但当时大部分中国人的西学通识，是通过梁启超的介绍而获得的；另外三个，不用说，全是从哈佛回来的。也正因为这样，清华国学院复建以后，开的第一个会议是讨论以赛亚・柏林的，是我们跟译林出版社一块合作的。所以，清华国学院现在的五个导师，是绝对不可能荒疏和偏废了西学。尽管我们是国学院，但实际上我们在西学方面所投入的关注和努力，即使不是更多，至少也不会少，至少是同样多。

那么为什么一个国学研究院要如此地重视西学，包括西学中间的一支“Western philology on China”，也就是汉学呢？首先我们要澄清什么是汉学。外邦人以对他们而言是外语的中文来研究，对他们而言是外国的中国的那种特定的学问叫“汉学”，这是我的定义。那什么又是国学呢？人们往往会望文生义地以为“文明古国的传统的学问”，当然，那肯定是古已有之的学问。可实际上，我这儿还是要说到这个李零，如果不计较他那句话的口气的话，他说：“国学虽然特意地区别西学，实际上是国将不国之学。”这话说得非常对，很重要，就是我们过去只有“经史子集”，我们的学问是天下唯一的学问，当我们意识到外边还有一个强大的学问的时候，我们在那个他者面前，“国学”才开始起来的。“国学”这个名字不是中国人起的，是日本人面临西方的巨大压力时，先提出来的，然后章太炎带过来的。日本人说的“国学”，实际上是“和学”，是研究日本的学问，中国人拿过来的时候，“国学”就变成了“我们国家的学问”的意思。是这样开始的。我在译林出过一本非常好的书，霍布斯鲍姆写的，叫《传统的发明》。他说，其实任何现代生活中的传统的因子，都只能是经过再发明而得到现代性转换，所以我们的国学作为一个传统的发明，它的出现也是非常晚近的事。

我后来在北大出过一套两卷本的书《审问与明辨》，里面说到，之所以提“国学”这两个字，并不是要固步自封地做井底之蛙，相反，倒是要在面对文化他者，尤其是压强巨大的西方学术的时候，意识到对手非常强大，所以转而生出对于本土学术文化的自限性。正是在这个意义上，我们可以辩证地体会到中国现代学术语境中的所谓“国学”，它从一开始就是因为有了汉学的刺激而来，所以国学与汉学是双峰并峙的。以赛亚·伯林有一个非常有趣的比方，就是“民族主义”是在遭到了外部的压力以后形成的，就像压弯了的树枝一松手后弹回来，“国学”也是这么弹回来的。一方面，正是因为感受到了西方的学术压力，本土的学术才会像压弯的树枝一样反弹；另一方面，也正是因为受到了汉学的激发，被再度创造性发明的国学，才得到了与之争鸣的轨道和动力。所以说，这种良性的关系，从一开始就构成了清华国学院的灵魂。既要有中国问题和世界眼光，又要有中国眼光和世界问题。你要站在世界的角度看中国，也要站在中国的角度看世界，这构成了我们心相的两面，而正是在这种对话和互动的关系中，我们笔下、头脑中的中国性才有了更多的灵动性。比如说，我们中国人过去也都是说方言，觉得别人说的方言可笑，但是赵元任回来了，马上就中国的方言、语言开始研究，他带着西方装备回来了，中国的语言学由此产生，他就是中国的“语言学之父”。我们过去也知道很多蝌蚪文，可是陈寅恪先生回来了，然后在中国开创了一个伟大的传统，这个传统就是，你要能够在通晓主要的欧洲语言的基础上，学习梵文、藏文、巴利文、吐火罗文等等，再去做边疆史地之学。这是一个伟大的传统，所以后来从陈寅恪到邵循正，从邵循正到南京大学的韩儒林，然后到张广达，到韩儒林两大弟子刘迎胜和姚大力，整个学术界都向他们、向他们代表的这个传统致敬。还有中国的墓葬，有了李济，才有了中国的考古。所以你看中国的文化，它并不是一个死物，它是在西方的打击下才站了起来。

这是一方面。接着就要说更值得警惕的内容了。这个互动的关系是辩证的，它属于一种微妙的平衡关系，任何平衡关系都是带有危险的。

正是这样一种充满弹性的关系，你才能够读懂当年陈寅恪先生给冯友兰的《中国哲学史》写的一个断语，“道教对输入之思想，如佛教摩尼教等，无不尽量吸收。然仍不忘其本来民族之地位。既融成一家之说以后，则坚持夷夏之论，以排斥外来之教义。此种思想上之态度，自六朝时亦已如此。虽似相反，而实足以相成。从来新儒家即继承此种遗业而能大成者。窃疑中国自今日以后，即使能忠实输入北美或东欧之思想，其结局当亦等于玄奘唯识之学，在吾国思想史上既不能居最高之地位，且亦终归于歇绝者。其真能于思想上自成系统，有所创获者，必须一方面吸收输入外来之学说，一方面不忘本来民族之地位。此二种相反而适相成之态度，乃道教之真精神，新儒家之旧途径，而两千年吾民族与他民族思想接触史之所昭示者也。”陈寅恪先生指出了这样一个弹性的关系，必须在两者的互动中间，中国人才能谋求自己文化的另一波的高峰。

我在北大教书的时候，我们系主任问过我很多次，说你那个汉学能不能够变成一个系，因为中文系想变成一个学院，我说那不行，尽管我个人在这方面的知识优势更加明显，但是我不会去建立一个汉学研究所，我只会去复建一个国学研究院。在我看来，如果说对于国际汉学的了解，代表了一个人自学的宽度，代表了你伸展的枝叶，去吸收阳光、去光合作用，那么唯有在本土国学中的创见，才代表了一个人治学的深度，代表了你根部的抓取和汲取。所以，无论我在北大还是在清华教书的时候，我都一再主张汉学只是专业基础课，它不应该变成一个专业课。即使是专业基础课，它也是必备和必修的课程，你要开好这门课程，那就要准备足够强大的学术基础。

正是基于这种学术准备的考虑，自 1988 年以来，我们才在江苏几代出版家的超长耐力和竭力支持下，创造出了“海外中国研究丛书”这一品牌，以至于到 2016 年 6 月，已经出版了一百五十余种。简单地说，谁能把我主编的这些书看完，学问已经不小了，而且这套书还在继续编纂下去。所以，现在国内任何出版社都只能称乎其后，甚至有的给美国的汉学界写信，美国的汉学界说“不必”，因为所有的好书都在刘东那里。尽管“海外中国研究丛书”还只是一个领头羊，别家出版社也编过一些规模较小的丛书，或零星出版过这方面的书，但一旦从总体上进行检阅，我们可以毫不夸张地说，中国人从来没有像现在这样，可以一下子面对如此多的汉学的研究成果，可以如此逼真而且及时地看到汉学界的全貌。过去我们还只是追踪一些老先生，现在再出汉学方面的书，便都是我的老朋友的新作。

我说两个例子吧。一个就是我的导师李泽厚，他因为指导过一本书《寻求富强：严复与西方》，受到过周扬同志三次表扬。另一个呢，就是我们在江苏人民出版社又出了一套书，这套书我又选了50种，叫“西方日本研究”，这是公认的50种研究日本最有名的书。因为是用英文写的日本的事，他那个“雅蠛蝶”什么东西，这个都非常拉丁化了，很难还原。于是我就想，日本人肯定应该翻译过这些书了吧，既然日本人翻了，我们能不能去找一些日语翻译过的，一找大失所望，这50种最重要的书里边，日本人翻译了不足五到十种，日本人拒绝翻。大家都知道，日本明治维新以后很开放了是吧，以为日本是开放的，我们是封闭的，但实际上，如果就这两套书来看，倒是中国人以更开放、更开阔的心胸去对待产生于西方著名大学东亚系的学术成果。

这是我受柯文邀请在哈佛中心做的一个讲演，当时史华兹还活着，我当时说了这一段话，我说，尽管时松时紧的政治空气和时冷时热的投资市场并不影响汉学的译介，但是90年代的中国仍有很大的未定因素，要取决于我们的努力或者不努力。我说，首先应该感谢在座的同行，特别是像我的老朋友史华兹先生，他最主要的书都是在我们丛书里出的，比如《古代中国的思想世界》《寻求富强：严复与西方》等等，他是美国汉学界最顶尖的大师。我说，不管你们的具体观点最终能否被接受，你们都以无可辩驳的学术量，帮我们维护着学术研究的尊严。史华兹后边，是Paul A. Cohen，就是柯文，他写的《在中国发现历史》

《历史三调》《在传统与现代性之间》，也都在我们这个译丛里。

所以，这套书大大地改变了中国人对于现代中国基本的想法和观念。以至于你回过头，会惊出一身冷汗。如果没有国际同行别具慧眼的辛勤努力，那么即使是讨论我们自己的生活和历史，我们也不知道要忽略掉多少重大的问题。因为很多问题都是有禁区的。所以我们不得不承认，这些国际同行之所以能够提出这样的问题，恰恰是因为他们来自中国之外，具有我们所不具备的外在的视角，不会像中国人，把这个事情当成一个 pre-understanding，就是“前理解、前掌握”。因为在外部，他看出了很多中国人看不出来的问题。所以我们要感谢他们。

在将近 30 年的丛书编辑生涯中，我们一直保持着一种借助于他者眼光来不断发现自身未知侧面的习惯，从中所体会到的那种发现的快乐，随着年龄的增长有增无减。所以，经常有人会忍不住问我：你怎么这么年轻？很多没见过我的读者，都以为我是一个老头，因为他们小时候就读我这些书，读了几十年了。

当每天打开一本新书，或半夜里突然发现一个新的道理，我会惊喜地搓一搓双手，以手加额，自问：你怎么会有那种伤春的闲愁？夫子说，“其为人也，发愤忘食，乐以忘忧，不知老之将至云尔”，就是这样一种人生的状态。

再接着往下说，任何硬币都有另一面。如果说，丛书创建之初，我们要提防的，是李零所批评的那种井底之蛙的自大心态，那么，到了这套丛书大获成功的时候，我们所要面对和警惕的，却是亦步亦趋的盲从心态。

我有个老同学叫张西平，北京外国语大学中国海外汉学研究中心主任，他跟我开玩笑说，在中国有吃曹雪芹饭的、有吃鲁迅饭的，现在加一起也没有吃你刘东饭的人多了。言外之意就是说，到丛书里边去筛查引据、寻找话题简直成了年轻一代学人的最大的时髦。几乎你随便打开一篇博士论文，都会很容易地在他那个参考书目里面找到我们丛书的身影；甚至那些论文的题目，也越来越像汉学的题目；以至于不像那个“汉学”的，就觉得不像是学问了。

由此一来，陈寅恪先生最早提出来的那个“平衡”又出问题了。我们发现，

一旦那种互动的关系实现了平衡，接着就一定会发生偏向，你就要掉下去了。比如说巫鸿，他到大陆来讲学，他就出机票让他所有的学生都跟着来听，然后住在五星级宾馆里，我所在的清华大学是“中国第一富”的学校了，但仍然做不到这一条。美国的大学不缺乏规范，它要求你使劲读书，最起码在外表上一定要具备旁征博引和论证细密的特点，一定还会考你很多时髦的、晦涩难懂的理论，而且他们一定是在最著名的国际学术刊物、最著名的美国大学出版社出版。凡此种种又都能够相互辅助。而我们中国高校现在越来越僵化的种种要求，很容易在年轻一代那里造成一种对于外表形式的盲目信从，而且他们不会再去像陈寅恪那样，调动自己的经验和思考对这些成果进行反思、切磋和验收。有时候，我主编的《中国学术》会得到一个来自巴基斯坦的投稿，就 7 页，那当然不能发表。对哈佛来说，低于 40 页，那就不叫论文，但他就 7 页，没有论证量；可是你也经常会从美国那儿得到一篇一大堆胡说八道、引文有二百多条这样的论文。所以，令我们深陷其中的困境是，争执到最后变成了声音大小的问题，然后假设的合理性，仅仅取决于论证的缜密程度。他说“你的身体太虚弱，要补”，他又说“你的身体马上要开刀”；

他说“你太需要改革开放”，他又说“你太需要闭关自守”，但中国真正需要什么，我们没有人去思考。

最近某些大家曝出了剽窃案，实际上学术界更恶劣的是，经常有人剽窃了人家的意思。所以，除了那种较易鉴别的抄袭之外，更容易毁灭国内学术界的，还不是单纯字面上的剽窃，而是对于来自外部的问题意识不足以及对外部意见的直接拷贝，这种在方法和视角上的投机取巧与缴械投降，尽管一时也能够造成一些速成的学术产品，去迎合别国的学术形态的固定口味，但时间久了，它带来的恶果一定是中国人从灵魂深处逐渐丧失了提出独特问题的心理能力，磨灭了解决这些问题的心理动机。这确实是一个问题。

所以，在国际上开会的时候，经常会发现都是我主动挑起跟海外汉学家的争论。后来陈平原他们就说，因为刘东他背负了这个责任。这并不是说我们从一开始就不该翻译这些著作，而是意味着，陈寅恪当年提出的那种恰到好处的尺寸拿捏，一旦到了文化断根的这一代人这里，那就很难“照方抓药”了。陈寅恪是什么人？他的爷爷陈宝箴，湖南巡抚，张之洞的战友，当时中国有一个比康梁更沉稳的体制内的改革，陈宝箴是推动者之一。陈寅恪的父亲陈三立，晚清大诗人。所以陈寅恪当然不缺书，不缺少传统学术的教养。然而这一切，在历经了文革以后，已经在我们的教育内容中被洗劫一空了。这也再一次从反面提醒我们，对于国学和汉学的同时阅读，原本是一个当代中国人心灵的一体两面，一旦失去了本土学习的背景，无论你吃什么好东西，最后都落得一个消化不良。

正因为这样，当我们面对如此卷帙浩繁的学术成果，又不得不坦陈我们自己贫弱的知识生产能力，我们就更需要摆正阅读的心态，不偏不移、充满技巧和警觉地去走我们脚下的那一根长长的平衡木。

所以，一方面，我们必须一直坚持开放心态，意识到任何的民族主义和民粹主义思潮从来都只会坑害我们，我们只要一想起那个，中国就开始弱下去了。康德有一个说法，叫“先验幻象”，怎么理解呢？我们说“太阳从东方升起”，为什么不说“我朝着太阳转，又转了多少度”，这就是一个先验幻象。中国人往往都会这样觉得，你西方人能知道我中国多少，中国一直都有这样的想法。但是另一方面，我们知道对于僵化的克服，如果不是心存警觉的话，那也可能走到另一边去，变成泡沫化，所以思而不学、学而不思都是危险的。汉学，它毕竟是中学的一支，更是西学的一支。这个中学，是关于中国的学问，它里面蕴藏着很多未曾言明的外在的预设，本质上跟本土的国学分属两大话语系统。比如说，“把中国弄富强”和“把中国弄失败”，都可能是一个很好的学术研究，对他们来说，这些很多冷战期间建立的学术机构，更重要的还是（研究）后者，而且他们用这种话语才能够更多地从国防部或者什么机构要来钱。所以这样的话，中国每一次的引进，尤其是这一次对于汉学的引进其实是最为危险的，它有可能突然让我们连“我是谁”都不知道了。

我说其实当今中国知识界可怕的分化和毒化，在很大程度上来自于汉学和汉学家的影响，特别是那些汉学生，像张旭东这样的，他本来在北大学习，然后被请过去学，他的老师琢磨，他就跟着琢磨，他老师说“文革好”，他也说“文革好”等等，慢慢的就是这种要命的。

相对化刺痛着我们，一旦丧失阅读和思考的主动性，陷入别人的话语场中无力自拔，就有可能被别人特有的问题意识所覆盖，乃至从此难以名状自己的切身体验，暴露出文化分析的失语和学术洞察的失明。这种事情很多，尤其是像我们这一代的留学生，或者比我再晚一点出国的，他们面对的这些导师，正好是在越战时期长大的汉学家，他们有非常强烈的反政府倾向，他们就喜欢中国，而且喜欢的是文革时候宣传的那个中国。所以最后慢慢的，这些汉学生回来以后，中国知识界开始撕裂，开始形成一个“新左派”，然后“新左派”又对当代的政治操作产生了巨大的或者严重的影响，其实这跟这些汉学家的工作是分不开的。

必须意识到，无论海外汉学的成就有多高，我们都不能只去学它表面的形式，不能刻意去模仿他的发言口吻。恰恰相反，正因为它达到了如此发达的程度，我们就更要培养与之对话的能力，而不是简单地用它来抵消我们本土的思考，甚至当作自己可以偷懒的理由。由于中国文明的自身规模，它不是那些太平洋岛上的小岛、一个部落，有一个马林洛夫斯基去研究就行了。对于我们这个文明来说，不是一个人类学家、一个闯入者，就能研究清楚的。我们自己是有外部研究和内部研究的，这两种研究天成，就是汉学和国学。如果前者是外在的，那后者是内形的；如果对前者是冷静和冷漠的，那对后者就一定是同情和体验的；前者必须是实验和解剖的，那后者就一定是涵泳其间的；前者是专科的，后者一定是通识的；前者是分析的，后者就是综合的；前者是僵硬的，后者就是灵动的和充满弹性的。这一连串的对比意味着什么？一方面，正如我们前面所指出的，来自文明外部的视角是非常宝贵的，这一点没有错，我们感谢他们，不是他们的外部研究，我们会丢掉对中国的很多事情的了解，它很有启发意义。另一方面，也存在着相应的危险，那就是由于西方文明太过发达、太过强势，就使得原本是一个外部的方法和视角，悄然地移入了我们文明的内部，以致完全压倒了内部的声音，使我们在国际学术界陷入了失声和失语的境地。

更要提醒的是，这种失声和失语的状态，有的时候是以国内学术界“他马上要回来”“他就是中国人”“他学成回来了”——这样一种甚嚣尘上的形式展开的。两边长期的走动，我相信这个互动过程有这三个阶段，这篇文章是我在美国的加州大学发表讲演时说的。首先，是从中国的年轻后生中物色访问学者或留学生，向他们灌输自己的思想观念和派别倾向；然后，等这些学生学成出道以后，利用他们的写作或者中文写作，到中国本土去进行广泛的宣讲和挑起无穷的论战；最后，还引用他们学生的观点，你看看中国有这个思想吧，其实这思想本来是他的。就像月亮看着地球说，地球上有个潮汐老跟着我走，它不知道是它的吸引力把那个潮汐拽过来的。

在这样的基础上，再进行相应的总结，我们就应该平衡地看到，我们肯定是有充足的理由来对阅读活动进行大力推广。

那么什么是阅读传统？文革的时候老批判人家说“书中自有颜如玉，书中自有黄金屋”，任何一个老太太都知道这句话。其实那是为什么？那是因为中国从隋唐开始，就创造了全世界最先进的科举制度。这个科举制度，是沿着圣人的思想而来的，孟子所谓的“人皆可以为尧舜”，任何人只要学习好，就可以通过科举制度改变命运。你随便看《西厢记》或者什么，那个人穷酸至极，但是他会读书，于是所有老太太都会知道，这个人马上就有“黄金屋”了。其实中国过去有一个很好的阅读传统，那老太太所了解的，虽然说得比较直白，但仍然可以激励大家阅读。这个最早的阅读传统，即使文革的时候，都没有丢干净，没有消灭殆尽，所以我们最早的时候编“走向未来”丛书，把那个门一打开，书店的柜台都被挤烂了。我那个《西方的丑学》第一版就印了十万册，可以想象，当时整个中国的阅读力量有多大。现在被毁干净了，所以我们要创造，要通过这样的政府活动去推广阅读。

既然只有作为普遍心灵习性的阅读传统，才能使我们这个共同体从精神根基上摆脱被动，那么无论对教育界来说，还是对出版界来说，首要任务就是去呵护这个传统。

都说“书籍是人类进步的阶梯”，其实呢，殊不知，弄得不好，书籍也可能成为人类堕落的滑梯。所以到底是福是祸，还在于人们阅读的方法如何，他们是否具备同书籍进行对话的、足够强大的文化主体性。耐人寻味的是，我们这些监管部门，以往习惯做的就是尽其所能，不辞辛劳地去进行鉴定，以为好书就带来积极结果，坏书就带来消极结果，殊不知，如果你帮助塑造的阅读主体并不相同，他们的理解能力也不相同，那么极有可能的是，在积极对话的情况下，坏书也可以得到好的结果，而在接受能力差的时候，好书也可能带来坏的结果。所以说，与其控制这些书，还不如好好培养年轻人的心智。

说来说去，我还回到最初的话题：越是有了汉学，就越需要国学；正因为汉学越来越强大，国学就必须越来越强大。

你们知道美国的汉语界有多少人吗？6000个汉学家，比整个中国汉语界都大，能够给我主编的《中国学术》写文章的人，大概不少于1000人。而我们中国，把北大、清华、复旦、社科院加上，也就一两百个能写这种水平的文章的人吧。所以说，无论如何，你还是要用你自己的头脑去思考，而汉学无非是给你一个知识的争执点，它不能阻却你主动的思考，更不能取代你对于你所在的这样一个文化时间的整个的、亲切的感触。如果我们终究能够做到，用他们来启发我们的头脑，又用我们的追问去整合他们的成果，从而共同把对中国的认识，在循环往复的动态平衡中推向步步深入，那么，我们在阅读这些汉学著作的时候，最好是一场文明对话，那是最能让中国人找到感觉和发现优势的一种对话。

这种文明对话，有的时候会引起学术的争执，我在国际学术会议上经常跟他们争得面红耳赤，但这并不意味着，在国学家和汉学家之间，就只有思想对手的紧张关系，恰恰相反，这反而能使我们成为知心朋友。说一个好玩的现象，在美国学术界有一种传言，就是说搞苏联研究的人，弄到最后都恨苏联，而搞中国研究的人，到最后都爱中国。这说明了什么？他们在长期的关切之下，对于中国发生了移情心理，即或多或少的认同。杜维明不是有一个观点，“文化中国”有一圈、二圈、三圈的吗？从这个意义上说，这些人其实是文化中国的宝贵资源，他们有很大部分是认同我们的。正因为如此，我有一个我们的“间谍王”，《红叶》的作者，也是我的好朋友，叫魏克曼，他是美国历史学会主席、美国社会科学协会主席和伯克利东亚研究所的所长，可惜过世了。现在没有这样的领军人物了。

你看我马上要上芝加哥了，还没去，那边的汉学家已经准备好酒场，一场一场地要等着你喝了，去寻找跟你志趣相投、智力相等的朋友，拥有那些至情至性的知己，簇拥了这样的朋友，你可以增容头脑、同商大计、共享情怀。

现在想想都伤感，看到这么多好朋友，他们那些纷至沓来的学术成果，之所以显示了如此高的势能，对我们构成了如此大的压力，归根到底还是因为他们具有更加健全和懂行的大学体制，既能够保证奖勤罚懒的足够压力，又不会急功近利地拔苗助长，或者干脆就是在杀鸡取卵。非为点钱弄得斯文扫地不可。有一句话叫“你要我的钱，我要你的命”，要你的学术生命。换句话说，美国那种超强的学术创新能力，说到底还是源于他们本身的出息，他们的制度创新能力，而我们相形见绌的知识生产水平，说到底还是源于我们自己的现状，以及我们对于现状的那种满足和不思进取。

说到这里，我想起任正非在2016年5月全国科技创新大会上的讲话，讲百年振兴中国梦的基础，在教育。教育要瞄准未来，未来是一个智能社会，不是以一般劳动力为中心的社会。没有文化，不能驾驭。到那个时期，大规模雇佣智能机器人，两极分化会更严重。任正非的意思是说，有可能在下一次的创新中，整个中国社会沦为赤贫，因为现在无非是你有很多廉价劳动力，等到美国下一次的智能化，他就自己创造机器人了，所有的创新、下一代的产品都在他手里，他就不要你什么富士通了，甚至你买个机器人，那也是机器人做出来的。所以，这不是所有的廉价劳动力都将沦为赤贫吗？到那时候，你就发现“创新”二字是所有事情的关键，就像现在学术界，由于太容易检索了，导致了学问特别容易做。

我去年被腾讯网评为年度致敬人物，我说了一段话，我们要高速增长，要保持一个足够的素质才能达到。别的不说，你所有都是来料加工，那你就有一个创新的问题。我经常在美国看见一样东西很好，要交钱了，反过来一看，made in China，这个你带回家送人，人家不高兴啊，觉得你是在哪儿买的。我们的教育还是死记硬背，我们的创新是不能指望这种应试教育的。我在北大教书的时候，连续几年全国的状元都在我门下，但最后博士论文的题目都是我给的，不是说他们不强，而是那种应试教育，把最好的都赶跑掉了，他们就是那个应试教育里面最好的。但问题是，一个论文题目都找不到的博士，你将来怎么承担我们中国下一代的创新任务?

可以毫不夸张地讲，如果不进行迫在眉睫的改革，如果还是坚持要由外行来领导内行，如果还是不能够把办学的许可下放到民间，如果还是要拿出这么多官方基金来牵住学术界、特别是那些年轻学者的手脚（我是不需要任何职称的，但年轻学者可能无法拒绝），如果迟迟不能做到我在《人民日报》大声疾呼的“百家书，成一家言”，如果不能让中国学术界接续涌现更多的王国维和陈寅恪，如果不能在了解西学的同时又去激活本土的国学，那我们完全可以预见，汉学和国学之间创新水准的差距，肯定还是要被继续拉大，直到让我们蒙羞，让我们感到望尘莫及。

对这一点，必须要有清醒的认识和足够的危机感。否则，在汉学和国学之间所进行的那种良性对话，以及基于这种良性对话而建筑起来的更开放、更稳健的中国性，以及基于这样一种中国性而自然伸展的幸福生活和美好福祉，终究都是不可指望的。

陈寅恪与傅斯年

第六届江苏书展现场上 2016 江苏致敬作家精品展台

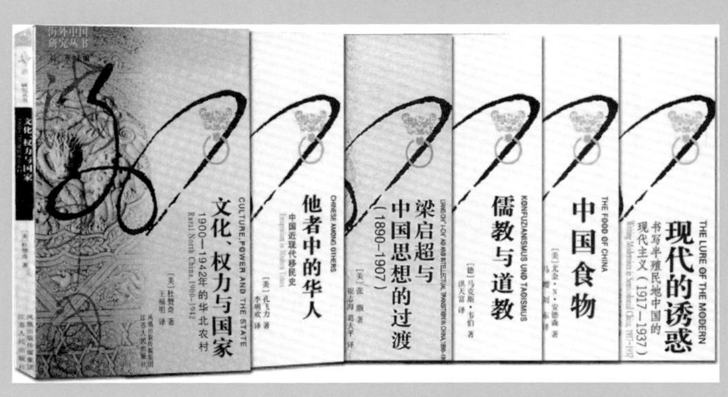

刘东主编《海外中国研究丛书》

格非，著名作家，1964 年生于江苏镇江。

现为清华大学中文系教授，博士生导师。

主要从事小说创作、教学和文学研究。代表作有长篇小说《人面桃花》《山河入梦》《春尽江南》等；中短篇小说《迷舟》《青黄》《隐身衣》等。在文学研究方面，著有《文学的邀约》《小说叙事研究》《雪隐鹭鸶》等。2014 年获鲁迅文学奖、老舍文学奖，2015 年作品“江南三部曲”获茅盾文学奖。

格非领你探寻阅读与历史情境

大家好。非常高兴来到扬州，来到江苏书展的现场跟在座的各位探讨关于阅读的一些问题。

我昨天来了以后，组委会的朋友给了我一些读者提的问题。当中有一个问题，我印象较深。是说我们现在书很多，如何来选择阅读？书太多了，反而不知道读什么好。

我相信这种看法或这种烦恼，我们许多人都有。所以我今天讲演的题目就跟这个问题有关。

我拟了一个题目，叫做《阅读与历史情境》。

全国都在做全民阅读，政府和社会为此做了大量的工作，这当然是非常有意义的。10年前、20年前，很多人到欧洲去旅游，到俄罗斯去旅游，会觉得跟欧洲的那些年轻人相比，中国人好像不太爱读书。在欧洲的火车上，你可以看到大家都很安静。

望春风

人面桃花
山河入梦
春尽江南
新世纪汉语原创重量级作品
透视中国百年内在精神衍变

雪隐
金瓶梅的声色与虚无
格非 著
鹭鸶

2016江苏致敬作家

書香運河 風雅揚州
经典诵读主题展演活动

凤凰新华北发中心

我第一次到德国去的时候，一说话德国人就来警告，说你讲话的声音大，影响到别人看书了，因为车厢里面特别安静，这对我刺激很大。

当然这些年，中国的情况发生了很大的变化。现在你到什么地方，中国人可能是全世界最爱学习的民族之一。可以说全民都在学习。大量的培训班培训机构、电视媒体等都在引导大家学习各个领域的知识。

但随之而来的问题是，我们怎么阅读？怎么使阅读走向深入？

首先探讨一个问题，即我们为什么阅读？100个学者可能有90个回答是一样的：为了获取知识，为了获得技能了解世界。我的回答可能大致也差不多，可能有一些不同。

其实我们的生活里边有很多人不读书。比如说我母亲，她一辈子不识字，没法读书，我一生崇拜的人不多，但我母亲却是我非常崇拜的一个。

她不读书。并不意味着她对社会各个方面没有判断。她有很多很重要的判断。而且这些判断对我个人有很重要的影响。所以我觉得，假如我母亲能读书能写作的话，那可能就没我什么事。我觉得她特别有智慧，同时有非常广阔的生活阅历，无论哪方面都可以成为我的老师。

很多人不读书，其实也没有什么大的问题。

但为什么我们又要读书呢？我觉得读书最重要的是可以帮我们不做知识的奴隶。你真的不读书的话，别人叫你做什么叫你吃什么，说这个是科学证明有用的，你就会被包裹在大量的信息里边。你该如何做事，如何做人，你没有办法来展开自己的思考。

还比如说我的答案跟别人答案不一样，我怎么办？那你就要读书，你要到书里面去寻找，建立一种认同关系。然后，我们才能够在一种彼此理解中，更有效地发展自我。

但由于读物太多了，可选择的东西太多了。网上有各种各样的消息、各种各样的结论，而且这些结论在不断地被推翻。我们到底应该相信谁?

这就带出了一个我们必须要思考的问题，即我们怎么有效地阅读。

其实有很多的功夫还在阅读之外，就是说除了阅读带给我们的理解之外，还有一种重要的理解，我们称它为“前理解”。这个东西对你阅读会产生非常重要的影响。

美国有一个作家，叫纳博科夫。曾写过一篇很有意思的文章，题目叫《优秀的作家和优秀的读者》。其中的观点是说，好作家少之又少，好的读者也是凤毛麟角。做一个好的读者，是有条件的。他提出要有10个前提条件。有一条大家可能觉得太小儿科了，纳博科夫说，你手边得有一本字典，也就是说首先你得认得字，你要会查书，查文件。

你不能人家怎么说你都信，那就比不阅读还要糟糕。

我刚才举我母亲的例子。我觉得有些人一辈子不读书没问题，最不好的阅读是什么，就是孟子讲的“尽信书”，尽信书不如无书。你要是对书里面说的东西全部都相信，你还不如不读书。不读书可以保持一个很好的天性，因为你在生活中。生活也会教给你很多的经验和教训，你也能建立起自己的判断。我们常听人说，这个人读书读傻掉了。有的人不读书还好，越读越傻。

因此，阅读方法的培养、阅读习惯的养成都尤其重要。当然这里面涉及到的问题很多。今天只讲一个最简单的，就是阅读和历史情境。也就是我们究竟怎么来读历史书。

举一个例子。杜甫写过一首诗，《江南逢李龟年》。诗中的四句话大家都能背：岐王宅里寻常见，崔九堂前几度闻。正是江南好风景，落花时节又逢君。

诗的意思很好懂：这个人在岐王家里边是经常见到的——指的是李龟年，我在崔九家里也多次听说过你。现在我们两个人都到了江南这个地方，正好是在暮春时节，我在这个地方又遇见你了。这首诗好在什么地方呢？

你要通过阅读来理解杜甫。而这个理解它有两个前提：第一个前提很容易，第二个前提却很复杂。第一个前提就是要有“前理解”，就是在阅读之前你要了解杜甫为什么写这首诗。他是在什么情况下写的？具体的历史背景是什么？你要去了解。

这一点大家都能做，百度上一搜都能搜到。杜甫一生中颠沛流离，安史之乱使得他从北方来到南方，然后到了四川到了夔州，最后终老在湖南。而他一直想返回长安，返回他那个河南巩县的老家。可却回不去了。

回不去他又生病。他心里是很难受的。本来他到湖北荆州去，是为了找他弟弟，想跟他弟弟一起回老家的，可是不知道什么原因——也没有多少文献来记载这个事情，他又折回来，最后死在湖南。

这首诗正是写于杜甫去世前的一年。

如果一个人回不了老家又身体多病，那么他可能会想，我这辈子就这么算了吧，好好待在家里养养病，听天由命了。

但问题是，这个节骨眼上来了一个人。这个人就是李龟年。李龟年是宫廷的乐师。因为他的到来，使得原本放下来的记忆全被激活了，所有关于故乡的事情又在杜甫的脑子里复活了。

一刹那间，因为一个故人，那些情愫、那些情怀全部波澜起伏。前两句话读来普通——歧王宅里寻常见，崔九堂前几度闻，可里面却包含着无限的心酸和无奈。李龟年是一个时代的见证。李龟年可能也老了落魄了，在一个陌生之地相逢，这样的感慨是非常复杂的，作为读者要设身处地慢慢去体会。

而这仅仅是我说的第一个前提。

理解这首诗的第二个前提，就是读者自己的人生阅历。我觉得真正能够读懂杜甫并喜欢上杜甫可能要在 40 岁以后。我到了 40 岁以后重新读杜甫，才渐渐地爱不释手。

年轻的时候也喜欢，但是人生阅历还达不到。好的作品，是要一辈子一读再读的，不断地重读。不要以为作品读一遍就够了，那是没什么意思的。年轻的时候读不懂，而到了一定的时候，自然就理解了。所以我们在阅读当中要结合历史情境，对历史情境要有宏阔的想象力。

不只是作家需要想象力，读者也需要想象力。你没有想象力，你就没法理解杜甫。那怎么建立起这个想象力呢？当然这跟你的阅读量和阅读的深入程度有关。

要把你的人生阅历建立起来，包括对这个世界的起码的判断，对人情复杂的看法，所以说世事洞明皆学问。最大的学问是了解世界、了解人，不是读书。读书是第二位的事情，第一位是了解周围的人。沈从文一直教导我们说，这个世界是一本大书。

我多年前在纽约跟美国人讲课，跟纽约大学的同学讨论杜甫的这首诗。杜甫这首诗翻成英文，就极其糟糕，完全没办法理解。美国人不懂，说，这首诗好在什么地方？我在什么地方听说过你，什么地方知道你，今天这个地方我又跟你见面了。这叫什么诗？可你翻出来就是这样的。所以，我觉得关于历史情境的想象特别重要，否则的话，你读一百本书，也没什么收获。

钱穆先生说读书不要贪多，钱穆先生说，你能把所谓的前四史《史记》《汉书》《后汉书》《三国志》全部读完了，你就是半个历史学家。一点不开玩笑。

真认真把这四部书读完了，就了不得，可我们很多人一本都不去读，去看电视剧，看网络上写的那些破文章，然后去搜寻人家的一些奇闻异事，全部浪费在这种事情上了。我觉得既然要读，就要下功夫对历史情境的重视，发挥对历史的想象力。

关于杜甫的诗，我还可以再举一个例子。这首诗一共56个字：7个字一句，共8句。可这首诗的题目倒有26个字。

杜甫写一首诗为什么要用26个字来做标题呢？这是因为杜甫担心自己56个字的正文别人理解不了。所以，他要把为什么写这首诗的动机放在标题里边。这就使标题变得很长。

标题是这样的——送郑十八虔贬台州司户伤其临老陷贼之故阙为面别情见于诗。郑十八是一个人，虔是他的名字。他被贬到台州去当司户。伤其临老陷贼之故——年纪老了却陷到贼窝里去了；阙为面别——他要走了我本来应该送别的，但我没送他；情见于诗。这个长标题，把他为什么写这首诗说得清清楚楚。

杜甫有个好习惯，他每次写诗都做很多记录。后来整理出来的杜诗的选本，可以看到杜甫本人做过很多的注释。在哪里写的、什么情况下写的……这些内容很重要，如果没有对相关情境的交待，你就没办法理解诗的内容。

那么我来说说这个诗吧：郑虔这个人，是杜甫最好的朋友之一，也是非常著名的画家。两个人原本关系很好。后来安禄山攻陷长安，他们两个的生活道路发生了很大的变化。这个郑虔当过宰相，是朝廷的重臣，可他却叛变投敌，投靠了安禄山。在安那儿当官。而杜甫和他不一样，他一生忠于唐王朝，当时就带着全家逃亡，一直赶到凤翔跟皇帝见面。最后安禄山死之前，安史之乱被平息，唐朝得以中兴，回到首都之后郑虔的问题就要追究了——你当年怎么叛变了呢？当时的肃宗没有杀他，只是把他贬了，贬到台州。这时的郑虔，已是白发苍苍的老人了。杜甫知道，他这一走，两个好朋友再也见不了面了。虽然两个人的政治立场不同，走的道路也不同，可这两个人是特别好的朋友。这种情况下，其中的一个要走，而且这一走几乎是永别。而一场告别的送行会，又没法参加，所以写了这首诗送给他。

这首诗虽非杜甫写得最好的诗，却是写得最动感情的诗。我给大家念一下，第一句，郑公樗散鬓成丝。郑公就是郑虔，樗是庄子里面写到的一种没有用的大树，这个树已经老了枯了，马上就要散掉了。这里是说郑公苍老得就像快散掉的樗一样，两鬓斑白像丝一样。第二句，酒后常称老画师——喝醉了酒以后不称自己是宰相，称自己是画画的。万里伤心严谴日——这个人要到台州去了，我跟你远隔万里，我当然很伤心。你受的这个惩罚是非常严厉的，这么大年纪让你远去，肯定死在那儿，没什么话好讲。百年垂死中兴时——安史之乱被平息，首都光复，肃宗还朝，一片新的气象，可你却要到外地去了。苍惶已就长途往——匆匆忙忙的一家人就到台州去了。邂逅无端出饯迟——我跟你没法见面，也没法参加你的这个告别。为什么呢？我也说不清楚。我与先生应永诀——我跟你从此就永远不能再见面了，就是永别了。九重黄泉尽交期——要见面只能在黄泉里面了。

要真正理解这首诗，需要知道当时发生了什么，杜甫为什么要采取这样的立场？为什么一方面要跟他划清界限，一方面又是好朋友，很多感情无法表达可又要表达。怎么办？他不用这26个字做标题，你根本不知道他写什么。这就要求我们一定要对文献有所了解。手边要有字典，不懂的字要去查，别简单放过去了。因为这些字词直接涉及到你理解的准确，你要去查文献，不要偷懒。

再举一个例子。我们大家都知道的尧舜禅让的事。尧把自己的皇位让给了舜，这在历史上是板上钉钉的，大量的文献都做了记载。所以古人常说的一句话叫做尧舜禅让三杯酒，汤吴争局一局棋。我们知道这个尧有一个儿子，叫丹朱。尧没有把皇位传给自己的儿子，却传给了一个外人。读这个历史事件时，我们会不会有一些其他的想象？是完全相信呢，还是说抱有一定的疑问？

假如你书读得多的话，会提出疑问。司马迁写这段事的时候，是采取了一个大家公认的说法，就是禅让，我儿子没有很好的品德，我因此把皇位传给别人，这个舜在历史上就是个大圣人。但有些事琢磨起来，还是觉得有点怪。既然尧已经明确说把皇位禅让给舜了，那么尧死了，按道理舜就该就位了，而他却没有，他又把皇位还给了尧的儿子丹朱。但老百姓呢却不找丹朱，所有的事都来找舜。舜没办法最后才当了皇帝，继承了这个大位。

可后来发掘出来的竹书纪年，里边的记载是说，尧在晚年时实际已被舜囚禁了，父子两人不得见面。我的意思倒不是说竹书纪年的记载一定正确。但你读历史的时候，还是多个心眼为好。多个心眼，可以帮我们比较客观地分析并靠近这个事情的真相。

也许有人会说，你讲的都是些古代的事情，能不能给我们讲讲现代的事呀？现代的事情也需要去了解文献，了解事情背后的事实吗？我跟大家说，同样需要。因为现代的史料里边，有不少存在着问题，你不能轻信，同样需要我们去分析和了解。

我给大家举一个非常有意思的例子。差不多在1940年6月28号下午的6点左右，中国现代文学史里面的一个非常重要的作家叫穆时英，被枪杀了。为什么被枪杀呢？是因为他投敌了。他投靠了汪伪然后被国民党派来的特工在上海给枪杀了。

这事情本来没有任何一点疑问，文学史里面都是这么记载的，因为证据都在，可到了1972年，香港一个署名叫康裔的人，在一本叫《掌故》的杂志上写了一篇文章，说穆时英不是汉奸。穆当时到汪伪政府工作，是我派他去的，我让他做卧底的。

大家注意啊，这件事发生在1972年，也就是说穆时英死了30多年突然跳出个人来说，他不是汉奸，是我党——国民党的同志，是我派他打入敌人内部，最后被军统误杀了，要给他平反昭雪。

于是，香港一个很重要的文学史家，叫司马长风。他看到这个史料以后，觉得有一定道理，慎重起见他跟这个作者通了多封信，询问这当中到底发生了什么。通了多次信以后，司马长风认为康裔先生提供的证据是确凿的，是准确的。所以他把这些写入了他所著的《中国新文学史》里。一个原本是板上钉钉的汉奸突然变成了抗日英雄。

上世纪80年代改革开放后，司马长风的著作流入大陆，当时北京大学一个重要的学者严家炎，首先采信了这个说法。严家炎是中国文学史的大家，他为此事跟司马长风专门通了信，因此在自己的书里边肯定了这个说法，说穆时英不是汉奸。这个案也就被翻了过来，成了定论。这以后国内研究现代文学的学者基本都认同了这个看法，说穆时英是被误杀的，其实这个人很好。

如果你是一个真正的读书人，读到这个史料的时候，会不会产生一些疑问？首先，一个人安排穆时英打入敌人内部，这个人本身要很了得，不是一般人物，否则他怎么能安排？那么这么重要的一个作家，为何先前我们从来没听说过，事隔三十年他发表这么重要的文章，为何用笔名，而不用真名，这又是为什么？

第二，再来看一看穆时英的为人。穆是一个非常聪明但又胆子很小的人。这么个一介书生，让他打入敌人内部，对国民党起什么作用？国民党的情报来源很多，为何依靠一个弱不禁风的作家？而且，他跟汪精卫也没什么交往，他凭借什么获得重要情报？这是第二个疑点。

第三个疑点，既然说是误杀，那么抗战胜利后，你这么一个重要人物，是你委派人家打入敌人内部的，为什么不向国民党提出给这个党内同志平反昭雪呢？为什么过了三十多年才披露这个事情？又为什么要用笔名？

再就是，你应该向国民党当局要求平反，堂堂正正，我有材料，当时是我派的这个人被误杀了，要求还其清白。而你却在香港的一个小刊物上发这种文章，还不敢用真名，躲躲闪闪的。所有这些疑点，一个普通的读者都能看到——但因为司马长风、严家炎都是大学者，他们定论和采信在先，大家也就都信了。

严先生是做新感觉派（上世纪二三十年代集中在上海的一批所谓现代派）研究的，80年代率先进行这方面的研究，而且做出了非常重要的贡献。一个人研究某一个现象，本能地会对这里面的人产生一定的同情，这都可以理解。所以严先生采信这个说法，本身也没有什么可以太多指责的地方。但清华大学有一个严家炎先生的学生，他是我的同事，是我们清华非常有名的教授，叫解志熙。解老师在30年前就怀疑，觉得不可能，但是他没证据没任何材料，但三十年里他一直就在盯着这件事。一直到2015年偶然回老家，住在他一个亲戚家，晚上无聊，到他亲戚的书架上找书看，随手翻到两本。结果康裔先生跳出来了。通过这两本书，以及其他的史料，可以确凿地证明《掌故》上为穆时英辩诬的康裔，实际名字叫嵇康裔。他的真名叫季希琮，浙江湖州人，跟宋子文有点关系。这个人就是汉奸。

这么一来真相大白了，解老师因此做了长篇的考证，这个最近发表的研究成果叫《穆时英的最后》，非常漂亮的一篇考证文章。哪怕对穆时英不感兴趣，我也希望大家可以看一看——让我们更深地理解书该怎么读，对历史应该怎么看，对事件的厘清是一个怎样的态度……说实话这些都极其重要。

再说说当代。我这个人，这么多年了也常被人称为先锋小说作家。先锋小说从1985年开始出现，到今天也已三十多年了。我们这些当时亲历这个文学运动、介入写作的作家都活得好好的，但已经有很多人开始研究先锋文学，写硕士论文、博士论文的都有。

我有一次参加一个答辩。那个学生也不知道我是干嘛的，他写的就是关于先锋小说的研究。我坐在那听他讲先锋文学是怎么回事，怎么发生的。那里面讲了不少的故事，我都没听说过的，事后找他来问，你那些材料是哪来的？你怎么知道当时的那些杂志、那些人、那些会议跟这个文学运动之间的关系？他说我都是从网上扒来的。

现在的学生做研究，不去读一手材料，读的是二手甚至三手的。别人用过不知道多少次的错误百出的材料，从网上扒来的随随便便就采信了。好在我们这些人还经历过这些事情，还了解这个过程，所以我当时跟他讲，这个事情第一是怎么回事，第二又是怎么回事，你完全说反了。后来，这个论文慢慢地写得也不错。所以我认为有些事情，哪怕是当代的，离我们并不远，但实际上也很复杂。

我前几天跟朋友讲笑话，我儿子高考结束后闲在家里没事干，整天瞎激动，然后我就跟他说，别瞎激动了，我们一块出去买花吧。我俩就开车沿着京承高速去顺义。在路上，我儿子突然就哈哈大笑起来，我说你笑什么。他说我刚看见路标上有一个地名，叫大庆，这个名字太难听了，是大肆庆祝吗？我当时听了心里咯噔一下，对我们这代人来说，大庆这个名字是极其神圣的，它是整个中国工业的象征。多少年里，大庆家喻户晓，可以说没有一个人不知道。可是到了我 17 岁的儿子这里，他已经完全不知道了。这些东西，对我们来说是常识，可对于年轻一代便成了知识考古。所以不管是讲杜甫，讲历史还是讲现代史料，到了当代就都发生了非常大的变化，人常说历史是一个任人打扮的小姑娘，谁都可以来打扮她。

还比如，我们周围有很多人喜欢胡兰成。无数的人给我推荐胡兰成，无数人喜欢张爱玲，这个我觉得没什么关系，你喜欢就喜欢，但出现一个什么情况呢？有一年，我在上海，发现一小半到一半的同学写论文都做张爱玲，我觉得这跟整个社会对文学史的描述是有关系的。我们轻易地就相信了一个历史的描述。张爱玲当然是很优秀的作家，我也很喜欢她的许多作品，写得非常出色。但是不是整个文学史里边就只有一个张爱玲了，或只有一个沈从文，当然不是这样。

你如果是一个负责任的学者，你应该有更宽阔的历史文化视野。我们读书的目的，是为了确立一个自我的判断，我们不能相反——读书的时候把自己交给别人，那不行。

可在今天，很多的阅读实际上是迷失自我。不读书，我脑子倒还清楚，一读反倒更糊涂了。这样的情况，实际上跟我们阅读的习惯、方法的养成，有非常重要的关系。

时间的关系，我不涉及其他更多的内容了，仅对历史情境、历史想象力以及多做一些历史方面的背景资料，做了一点阐发，希望跟大家交流。

谢谢大家。

第三章 书香江苏形象大使 邀你共赴文化盛宴

2014年，叶兆言、苏童、曹文轩、郎永淳等12人被聘为首届“书香江苏形象大使”；

2015年，王思潮、祁智、刘东、贲德、莫砺锋、徐小跃等10人被聘为第二届“书香江苏形象大使”；

2016年，卢新宁、邢定钰、华学诚、阮仪三、胡阿祥、格非、顾保孜、储福金8位业界“大咖”，受聘担任“书香江苏形象大使”。

每一位大使都非常努力地倡导全民阅读，用实际行动来推广全民阅读。

六届书展期间，几位形象大使受邀做了主题演讲，为大家带来了一场又一场精彩的文化盛宴。

莫砺锋，共和国的同龄人，新中国的第一位文学博士，央视《百家讲坛》主讲人。书香江苏形象大使、著名古典文学研究专家、南京大学教授。

莫砺锋：传统文化与经典阅读

大家好。我今天讲的题目叫：传统文化与经典阅读。

先从读书讲起。2014 年江苏省人大把每月的 4 月 23 日确定为“全省人民读书日”，实际上联合国教科文组织早就把这一天确定为“世界人民读书日”。

说到 4 月 23 日，英国人会联想到这一天是莎士比亚的生日，也是他去世的纪念日。西班牙人会想到它是《唐·吉诃德》的作者塞万提斯去世的纪念日。当然，联合国决定这天为“世界人民读书日”，并非跟这两个欧洲的大文豪有关，而是因为这一天是西欧的一个民间节日——源于西班牙的圣乔治节。这个节的来源据说是，古代有一个勇士叫乔治，有一天他救了一位公主的性命。公主为了对他表示感谢，送了他一件最珍贵的礼物，是一本书。此后便有了这个节日。每到这一天，人们之间互相赠书，所以把它定为读书日是非常

科技

有道理的。

我觉得当下中国社会读书的空气还不够浓郁，就是大家还不太爱读书。根据最新发表的数字，好像我们江苏省除了小朋友们在学校里读的教科书之外，平均每人每年的读书量还不到 5 本。这跟一些发达国家差距太远。全世界这个数字最高的是以色列，以色列平均每人每年读书六十多本，是我们的 10 倍还不止。

大家如果出国旅行，或许会有类似的观感，就是当你们在一些机场候机，或在火车站等车，甚至坐在飞机或火车上，常能看到身旁的外国人在读书，而我们的同胞则要么在打牌，要么大声喧哗，很少有人读书。

也正因为此，大家都认识到了这一点，所以才会有读书节、书展这样一些意在推广的大型的活动，提出书香江苏。那么，我们中国人天生就不爱读书吗？我觉得不是。

我今年 67 岁，正好跟共和国同龄，我人生的前 30 年，社会上不倡导读书。我年轻时听得最多的一句话，就是书读得越多越反动。那时候大家不敢读书。

1978 年改革开放后，可以读书了，没人再说读书反动了。但中国人长期被压抑的致富的欲望一下子爆发了。之前不许致富，之前是穷光荣，现在可以追逐物质财富了，所以大家就一窝蜂地去挣钱发财了，很少有人把心思静下来读书。

不妨把视野延伸得远一点。应该说历史上中国社会大多很重视读书，特别是从唐代实行科举制度以来，社会上读书的氛围非常浓厚。但在重视读书的社会中间，读书的目的还是有点问题，那时候的人往往是为了功利而读书。

北宋时宋真宗亲自写了一首诗鼓励全国人民读书，这首诗叫《励学篇》，或叫《劝学诗》。里面有几句大家都很熟悉。“富家不用买良田，书中自有千钟粟”，就是说有钱人家不用买田地，读好书，粮食就滚滚地来了；“安居不用架高楼，书中自有黄金屋”，住房子也不用你自己盖，书读好，豪宅就来了；下面两句更有意思，“娶妻莫恨无良媒，书中自有颜如玉”，意思说你穷没有老婆别担心，把书读好，美女自然就来嫁给你了。一切荣华富贵，金钱美女，读好书都有了，这是用功名利禄鼓励大家读书。统治阶级这样鼓励读书，一定会影响到全社会的价值判断。孔子说得好，“君子之德风，小人之德草，草上之风必偃”，就是说君子的价值取向像一阵风，平民百姓的价值判断像是草，风往哪边吹，草就往哪边倒。帝王这样提倡读书，民间也这样认同读书的重要性。清代山东有一个穷书生蒲松龄，他穷极无聊写小说，写《聊斋志异》。《聊斋志异》中有一篇跟读书有关的叫《书痴》。小说里的主人公叫郎玉柱，说其父曾为官，但两袖清风，死时没给郎玉柱留下什么财产，只留下一房子的书。郎玉柱幼时，父亲就鼓励他好好读书，把宋真宗那首《劝学诗》用毛笔抄贴在郎玉柱的书桌右边作为座右铭。郎玉柱遵从父亲教导，天天读书，读到三十多岁仍一贫如洗，也没有老婆。结果奇怪的事情发生了，有一天郎玉柱读《汉书》，翻到卷八，见里面夹着个剪纸美女，很是喜欢，便把这个美女剪纸拿出来放在桌上，每天读书看上几眼。过了几天，这个剪纸美女突然坐了起来，随后晃晃悠悠飘到地上，一下子变成个活色生香的美女，还自我介绍说：“妾颜氏，字如玉”，真的颜如玉从书里面出来了。故事的后来颜如玉嫁给了郎玉柱，婚姻幸福美满。

此作说明统治阶级的思想一定会影响到民间。而这样一种以功利为目的的读书，不是我们今天要讲的读书。我今天要讲的读书，则是另外一种读书态度。

先说一个国外的短篇小说。作者是俄罗斯的契诃夫，作品名字叫《打赌》。

说有一天在彼得堡的一个沙龙里，两个人打赌。打赌的内容是一个人在一间封闭的房子里不离开，只做读书一件事。其中一个年轻的律师说可以做到，而另一个银行家觉得没人能够做到，两人因此打赌。银行家愿意提供一座很好的住宅让律师住进去，并提供每天的生活必需，想吃什么，想喝红酒都可以，想读什么书开个书单会让人送来，前提是须在屋里读满十五年，不得离开一步。如果真的能做到，银行家就输给律师200万卢布。只有25岁的律师同意打赌，两人签了相关条款，律师就住入这个房间开始读书。起初几年律师选择读有趣的畅销书，爱情故事，侦探故事……到后来，读书的口味慢慢变了，读散文、诗歌、剧本，还读哲学、历史、宗教等学术著作，读书的层次越来越提高。时光飞逝，到了第十五年最后两天的晚上，眼看赌约到期，银行家心里反悔了。

因为帝俄时代的200万卢布是很大一笔钱，银行家不舍得给这笔钱了，当天夜里，他悄悄从窗户爬进这间房子，有人一定猜到他想去干什么，是的，他想把律师杀掉。但他爬进去一看，已经40岁的律师正好读书读累了，趴在桌上睡着了。书桌旁放着一张纸，银行家拿过来一看，是律师写给他的信。说明天天一亮就打算结束赌约，提前离开此屋，那200万卢布的赌资决定不要了。他在信中感谢银行家为他提供了这么好的读书环境，十五年里，吃喝不愁，可以读任何想读的书，这让他获得了人间的许多知识和经验，懂得了很多道理，觉得生命很有意义。银行家看完此信，发现原来的计划不用实施了，就悄悄离开了。第二天天一亮，专门服侍律师读书的仆人来向银行家报告，说律师已不告而辞了，小说到此就结束了。

我觉得这篇作品里说的读书，正是我们今天倡导的阅读态度。这样的读书不是为了追求某种具体的物质利益，也不是为了把工作做好而获得提拔，他读书的目的很单纯，是丰富自己，为使自己的人生充盈而读书。这便是我今天要讲的读书。

开场白以后，进入今天的话题：传统文化与经典阅读。

说到中华传统文化，简单地归纳就是三大块。

第一块制度文化。就是古代的社会结构，古代人认可的社会层次。这个结构比如君君臣臣，朝廷里分六个部等等，这些东西是制度层面的传统文化，到今天自然已经过时了，我们现在中央提倡大部制，但又怎能归为六个部，肯定不止了。古代因为比较简单，所以放到现在肯定是过时了，可以不说继承它了。

第二块器物文化。是讲有形的东西，看得见摸得着的，大到万里长城，小到博物馆里的一个玉器，一个青铜器。器物文化当然光辉灿烂，很有价值，能够看到我们祖先是何等的聪明才智，但就实用价值而言，它也过时了。现在谁愿意家里的东西是博物馆里的那种东西，肯定不行的，用，一定是现代的器具。《尚书》里就有这样的话，"人为旧，器非为旧，为新"。古人就认识到器物要新，要不停地更新，所以器物文化也不是我们要继承的传统文化。

第三块观念文化。就是没有物质形态的那一部分。是意识形态，是精神，是价值观。这是传统文化中的精华，直到今天还有生命力，是我们要继承的东西。这些东西保存在哪儿？当然保存在我们的古书中间。中国人很幸运，老早就发明了汉字。汉字不是世界上最早的文字，但却是世界上唯一起源很早，一直沿用至今的文字，而且它非常地稳固。不像英文，大量的词都变掉了。

而两千多年前的《论语》，我们现在读基本上没什么障碍，这表明汉字很稳固。我们传统文化的精华部分，就保留在这些汉字写的书本中间。

估计有人要问，为什么一定要讲我们本民族的传统文化？难道不应该读国外的经典吗？西方文化中间也有很多人文方面的经典，当然应该读。我不排外，我认为西方很多经典也是值得我们读的。但作为一个中国的读者，首先要读的是本民族的经典。中华民族在文化上始终有一种开放的心态，有一种宽容包容的心态，对于外来文化我们从来不排斥，愿意接受和学习。但在接受和学习的过程中，一定是要以“我”为主，客观实际上也一定是以“我”为主。

举一个例子就可以把这个问题说清楚，现在说到中华文化的观念文化，无非是三条主线——儒，道，释。即儒家的道理、道家的道理和佛家的道理。前两个是我们本民族的创造，是土生土长的思想遗产；但佛教不是，佛教文化是从西域，从印度传进来的，它本来是一个外来文化，为何成为中华文化的一个重要组成部分，并且实际上已远远超过了印度。现在到印度去看，有没有佛教遗址？还有没有人信佛教？几乎没有了。要研究佛教到哪里去找，《汉文大藏经》。印度的佛教经典没有了，佛教已变成中国文化的一部分了。还有就是，佛教在中国大地上扎根发芽的过程中，它已经进行了中国化的转换，变成中华民族的思想文化了。

著名学者陈寅恪先生研究佛教有两个重要发现。第一，他研究了一个佛教中的故事，叫做莲花色尼出家因缘。莲花就是夏天开的荷花，加一个颜色的色，三个字连在一起是一个人的名字，她是印度人，一个比丘尼。这个故事讲的是，莲花色尼本来不信教，年轻时候不守规矩，生活放荡，后来在生活中受到了种种的报应。佛教的观点是不信教、不守规矩就会受到报应，她受到种种报应后幡然悔悟，然后就信教了。陈寅恪先生发现这个故事有两个文本，一是巴利文的文本，相传就是释迦摩尼当年用的语言，当然现在人都完全不会说了，但文字还有保存。二是中文的文本，是在敦煌发现的一本唐人手抄本上。这两个文本，都从印度传进来。但陈寅恪对照后发现有一点差异，即在巴利文文本中，莲花色尼由于不信教受到了七种报应，而在中文文本中莲花色尼只受到了六种报应，少了一种。也就是说这个故事在传到中国的过程中，有一种报应被中国人删掉了。这个被删掉了的报应是：莲花色尼年轻时跟人生了一个私生子，生下来以后就丢掉了，从此母子分离。过了二十多年，男孩长大成人，遇到莲花色尼，两人均不知对方身份，结果竟要成婚。母亲嫁给了自己的亲生儿子，这是乱伦，人生的一大报应。这个报应在巴利文的文本中是有的，而中文文本就没有了。陈寅恪的结论是，这种情况即使作为一种报应，也是中华民族不能接受的，所以把它删掉了。这是陈先生研究佛教的第一个发现。

第二个是陈寅恪研究了唐玄奘，就是我们大家所熟知的西游记里的唐僧。但作为历史人物的唐玄奘绝无孙悟空那么神通广大的徒弟，他带着两个徒弟出关到印度去取经，还没走过玉门关，就一个生病死掉了，另一个逃走了，他最后是孤身一人到了印度。千难万险，过了十几年，取了一大批梵文的佛教经典回来，然后将其翻译成中文。

应该说唐玄奘回来以后在大唐王朝官方支持下翻译的那些佛教经典，是最源流正宗的佛教经义，他也由此创立了一个佛教的流派叫维持宗。但陈寅恪研究发现，维持宗后来并没有传下去，传了一两代以后就断掉了。而后来那些信佛教的人，其实信的都是禅宗。禅宗已经是中国化的佛教宗派了，体现的是中国人的思想。

陈寅恪通过上述两项研究，得出一个结论——佛教虽是外来文化，但它在中国扎根壮大的过程中，已彻底地中国化，变成了中华民族文化的组成部分。所以我觉得谈传统文化，必须要强调它的民族性。我们世代生活的这块土地，列祖列宗五千年的文明，他们的思考和价值判断形成了我们独特的文化传统，这是我们每一个人无法剔除，不继承也得继承的东西，除非你移民外国，完全抛弃你本来的民族，否则的话不可能跳出去。所以要讲传统文化，就一定是民族的。要读经典，首先是读本民族传统文化中的经典。

接下来要面对的一个问题是，既然如此，那就请你给我们提供一份书单吧，即我们需要去读哪些经典？而我们的传统经典实在太多了。《四库全书》要几间房子才能放得下，一辈子也读不完的。那我们究竟应该先读哪些？恰恰在这个问题上我认为是西方走到了前面。我到目前为止还无法向大家提供一份既具权威性，又很准确的关于中华传统文化的书单。

假如在美国，一个书展上，或某所大学里，倘有人要演讲者列书单，这事情很简单。耶鲁大学的布鲁姆教授写了一本书叫《西方正典》，把西方文化传统中最重要的经典全介绍了，一共也就二十多本书，他的归纳被认为是权威性的，可惜我们现在还没有，中国缺少这样一份书单。

假如有人觉得布鲁姆的这本《西方正典》太学院了，那作为一般的读者也有类似的书单。一个叫大卫·丹比的美国人，写了一本推荐经典的书叫《伟大的书》，得到各界的认可。大卫·丹比是纽约的一个媒体人，早年毕业于哥伦比亚大学的传媒专业，在其工作了30年后，他反省发现，大学阶段所学诸多课程，对自己后来的人生起着重要作用的并非那些新闻专业课，而是一门非专业的课程。美国的大学叫它通识课，就是讲传统经典的课。为此大卫·丹比在毕业30年以后又重返哥伦比亚大学，再一次去选修这门课，重新选修的一年里，他认真听课、做笔记、参加讨论，然后根据自己的切身感受，写下了这本《伟大的书》，从《荷马史诗》《圣经》到莎士比亚等等，一本一本地介绍西方文化传统中那些最重要的经典。

那么在目前这种还没有一本类似于美国人写的《东方正典》，或《伟大的书》的时候，我们怎么找经典？我建议还是学一个西方人的观点。这位西方人是意大利的文学家卡尔维诺，他有一本书叫《为什么读经典》，他为经典著作下了14条定义，其中有两条说得非常好，这两条分别是14条定义中的第四条和第五条。第四条是，所谓经典著作就是你即使重读也好像是初读那样，给你带来发现的书；第五条是，谓之经典就是你即使初读也好像是在重温的书。这本书你以前从没读过，但一打开便如逢故人，有某种熟悉感、亲切感，里面讲的道理，以前似有耳闻但不甚了了，现在一读便十分清晰。符合这两条标准就是经典。

我试用自己的阅读经历具体阐释一下这两条定义，用这两条定义来检验我所找到的中华传统文化中的经典。第一部经典是《论语》，我举两个小例子。《论语·子路篇》里有这样一段文字："吾党有直躬者，其父攘羊，而子证之。孔子曰：'吾党之直者异于是：父为子隐，子为父隐，直在其中矣。’”翻译成白话文是说，叶这个地方的一个老人叶公，叶就是现在的河南叶县。叶公告诉孔子，说我们这里的老乡中有一个人非常正直，正直到什么程度呢？他的父亲偷了人家一头羊，他出来作证，说我父亲偷了人家的羊。孔子听了以后回答说，我们那里正直的人不是这个样子，而是父亲帮儿子隐瞒，儿子帮父亲隐瞒，正直就体现在这隐瞒当中。我最初读到这一段时不懂，觉得怎么是这样，好像道理不大对，觉得那个揭发父亲偷羊的才是正直，怎么互相隐瞒反而是正直呢？当时我是一个知青，不懂也没有人指导我。若干年后，我考到南京大学做研究生，碰到我的导师程千帆先生。见面第一天寒暄之后，我就问程先生，《论语》中间有一句话我一直读不懂，请问是什么意思。程先生简单给我解释说，这句话说明儒家特别重视亲情，认为家庭成员之间的感情是一切人间感情的基础，特别应该重视和加以维护，不能让它受到损害，否则整个社会就分崩离析了。后来我扩大了一点阅读面，通过向别人请教，知道了这个道理现在在西方一些发达国家的法律中间都是有的，叫做亲隐原则。比如法国的刑法典里有一条，就是假如一个人成了犯罪嫌疑人，警方来盘问时，他的父母、子女、配偶以及他的兄弟姐妹，还有兄弟姐妹的配偶，这些亲人可以保持沉默。如果警方来问，你爸爸昨天晚上有没有出去偷东西？被询问的人可以说我不知道或没看见，不能做伪证，但可以保持沉默。当法律和亲情发生冲突时，法国首先保护亲情，这叫亲隐原则。这一条原则到底对不对，现在中国大陆的法学界有争论，但不管怎么说这个问题需要深入思考，不是很简单就能判断的，更不用说在孔子那个时代了。所以我觉得《论语》就是这样，不是你一读就懂的，很多问题需要你仔细思考推敲，也许反复阅读之后方能明了其中的道理。这个例子符合卡尔维诺说的经典第四条定义。

仍然还是《论语》中的一例。它见于《论语·子张篇》：子曰，人未有自致者也，必也亲丧乎。是说人很难为一件事情贡献全部力量，把自己整个奉献出来是做不到的。如果一定要做的话，就是“亲丧”。即为亲人办丧事。只有这个时候，会把十分力气都用出来。对此我感触特别深。因为我有过类似的遭遇。1974 年，是我当知青的第六年，这一年我父亲过世了。父亲解放前曾是国民党军人，当时是“历史反革命”。他死后，我和弟弟给他办丧事，到大队部去借一台手扶拖拉机，把父亲的遗体送到 30 里外的火葬场去火化。没料到被大队长一口拒绝，说集体的东西不好借给私人用。我当时真是一点办法也没有。有好心人提醒我说，空着两手去借当然借不到，要带点礼物去，向他说说好话。这样我就买了两包较好的香烟，当时一包一块多钱，抵得上我好几天的工分。我跑到大队长家里，悄悄把烟塞给他，大队长收下了烟，再听我说借拖拉机的事脸色就好多了，说那你就借用一下吧，但柴油费需你自己出。我借到了拖拉机，终于把父亲的遗体送去火化。说实话，我平生不愿意向人送礼，也不愿向别人陪笑脸说好话，我今年 67 岁了，回首平生，那次给大队长送两包烟是我唯一的一次行贿活动，过了一年后当我读到《论语》“人未有自致者，必也亲丧乎”，佩服得五体投地，两千多年前孔夫子说的道理，在我的人生里得到了印证。我觉得这正好符合卡尔维诺说的经典第五条定义，即经典著作就是初读也好像是在重温的书。

《论语》是一本什么样的书？有人讲是让我们生活得更愉快的一本书，我觉得可能不是这样子。我认为《论语》

是一本教导我们怎么有原则地生活，怎么有尊严地生活，怎么有价值地生活，怎么有意义地生活的书。生活中的很多事情，你原来不知道到底应该怎么做，不知道怎样才是对的或更好的，或者你虽然做了但不自知，读了《论语》你就清楚了，它是一本人生教科书。这样的书无疑就是经典，也确实是千百万读者千百年以来共同选择出来的一本中华传统文化经典。经典不是某个人封的，不是某种政治力量决定的。它一定是经过了时间长河的考验，经过了千百万读者共同的价值判断。所以为什么我们现在说的经典大部分是较早时期的，我仔细看过《西方经典》《伟大的书》，那里面点到的书，最晚的距离现在也是一百多年，当代人写的作品也许将来会成为经典，但现在我们还不知道。

我在南大中文系研究中国古典文学，主要研究中国古典诗歌。我觉得包括我在内的当代大学里的文科教授们，目前还没有能力写一本类似于《西方正典》或者《伟大的书》那样向大众全面、权威地介绍中华传统文化经典的书。但我们可以先介绍一部分经典，或某一个局部的经典。我一直研究古典诗歌，所以对这一块稍微有点把握。2014年，我在江苏人民出版社出版了一本书。它不是我的学术专著，但我自己却很看重，书名叫《诗意人生》。主要内容是我认为在中国古典诗歌当中有6位诗人的作品具有经典价值，他们在作品中表现的人生态度和价值判断，对我们现代人有重要的启发意义，也代表了我们中华传统文化的正能量。

我选出的6位诗人：第一个是屈原，中国诗歌史上唯一的烈士；第二个是陶渊明，诗歌史上的一个隐士；第三个是李白，他是豪士，精神上不受任何拘束，追求自由；第四个是杜甫，儒士，他把儒家的价值观、伦理、政治完美无缺地用诗歌体现出来；第五个是苏东坡，居士，不是说他不出家而信佛教，是说他看清功名富贵、追求精神境界；第六个是辛弃疾，侠士，他的诗歌中有真正的英雄气概。这 6 位诗人的作品是我心目中首先要读的经典。

以东坡为例。苏东坡的作品为何被称为经典，他的作品对我们现代读者有怎样一种人生观上的启发意义？苏东坡的才气品德在当时都是一流，这样一个德才兼备的人，无疑是我们通常所说的好人，他的命运如何呢？都说“好人一生平安”，但我最不相信这句话，好人不一定会比坏人更平安。两个人（一个好人一个坏人）一起到山里旅行，来了野兽，好人说我来挡一挡，坏人说我先躲起来，那么好人就先被野兽吃掉。又或者进到山里多日了，仅余一份干粮，好人让坏人先吃，坏人也不客气，一口吞掉，好人便先饿死。所以说好人不一定不平安的，但好人之所以有价值，就在于他明明知道好人不一定平安，他还要做好人。苏东坡当然是好人，一生也最不平安。他 23 岁入仕，为官后就不停地受到他人羡慕妒忌恨，一生多坎坷。他 65 岁那年离开海南岛，次年走到江苏镇江，进了金山寺，寺里有一幅苏东坡的肖像画，和尚见东坡来了，便请他在画上题诗。东坡题了一首六言诗，最后两句是“问汝平生功业，黄州惠州儋州”。这 3 个地方是苏东坡的流放地，他的流放生涯加起来有九年零十一个月。苏东坡 45 岁那年的大年初一，从汴京大牢里被释放出来，关了一百三十多天，总算赦免了。释放当天，他被押往黄州流放。初至黄州一度心情不好，而且生活极度困难。他一家二十多口人，只好开荒种地。官府借给他一块荒地，在黄州城东边的山坡上，地名就叫“东坡”。他在那里盖了两间草房居住，给自己起了一个号叫“东坡居士”。那块地原是荒地，开荒后第一年种大麦还好，第二年种水稻收成一塌糊涂，四十多亩地打下来的稻子不够全家一年的口粮。到了第三年，朋友劝他把家里的细软都变卖掉，凑点钱去买一块好地来种，还帮他打听好了有个小村庄叫沙湖，那里有一块水田非常好。这一年的三月初七，两个朋友就陪着苏东坡到沙湖去相田。那天天气阴沉，他们担心会有风雨，两个朋友和苏东坡三个人在后面慢慢走，叫家里的年轻书童背着雨伞蓑衣走前面，没想到小伙子跑得飞快，一走就走得看不见了。苏东坡等三个年近半百的人在后面走了一段，突然刮起风下起雨了，两个朋友衣服淋湿了很是焦虑，只有苏东坡依然淡定从容，从路边上捡了根竹竿当拐杖撑着，一边走一边还在吟诗。后来风雨散去，太阳又出来了，途中他们喝了两杯小酒，虽然这回田没买成，但却写了一首《定风波》。“莫听穿林打叶声，何妨吟啸且徐行。竹杖芒鞋轻胜马，谁怕？一蓑烟雨任平生。料峭春风吹酒醒，微冷，山头斜照却相迎。回首向来萧瑟处，归去，也无风雨也无晴。”意思是说，你不要听穿过树林打在叶片上的潇潇风雨之声，不听就没什么烦的，风雨不影响我们一边吟诗一边慢慢地走，撑着竹杖，穿着芒鞋步履轻快，比骑着马还好，有什么可怕的呢？我披着一件蓑衣，风里来雨里去走了大半辈子，风雨过后，一切都归于空无。这首词难道只是写在自然界偶遇的一场风雨吗？当然不是，他写的是人生路上的风风雨雨。苏东坡一生真是风雨人生，流放三次长达10年，一次比一次远，一次比一次荒凉。他不但走过来了，还把逆境走成了顺境。他在三个流放地写的诗词，小品文和书信都具有极高的审美价值，可视作我们人生的教科书。我们芸芸众生凡夫俗子，一定会在人生的某个阶段碰到一些困难挫折，问题不在于我们能不能规避风雨，而在于碰到风雨时用怎样的人生态度面对。苏东坡十年坎坷中写的那些作品不仅仅是审美的文本，更具有人生的指导价值。古典诗歌的阅读说到底就是读诗人，不仅仅读平仄、典故、对仗，更要读这些诗词文本背后的李白、杜甫、陶渊明，读他们怎么思考，怎么对待人生。从这些诗人的作品中，汲取某种营养来充实我们的人生，提升我们的人生境界，这样的书就是经典。

胡阿祥：当阅读成为习惯，书香就会成为城市的符号

今天我们讨论三个话题——书、读书、不读书。

先说书。什么是书？我觉得我们现在对书的认识好像太狭隘了。比如这个书展里当然到处都是书，但书还有其他的形式。从广义来说，文字在某种载体上面成为句子了，那就叫书。文字刻在甲骨上，刻在青铜器上，刻在竹简木牍上，写在缣帛上，到后来写在纸张上，现在我们是用屏幕在看，这不都是书吗？书不仅是纸本书，如果说仅仅只有纸本书，那为什么有的书叫一册两册，有的时候又叫一卷两卷，这是有差别的。册这个字好像两片竹片，用一根绳子把它串起来，这就叫册，比如电视上展现古代的竹简做的书。后来，人们开始选用质地比较柔软的材料在上面写字，就叫一卷两卷。但这个卷比较麻烦，如果你突然想看这一卷中间的内容，就得卷来卷去。后来，书就慢慢变成了雕版印刷的纸本书，于

胡阿祥，南京大学历史学系教授，著名六朝文化学者，央视百讲坛主讲，书香江苏形象大使。

是计量单位也就变成了本。

广义来说，文字载于甲骨金石，载于简牍缣帛纸张，乃至屏幕，便能称为书。书之为书，关键在文字。一张白纸我们读不出什么信息，一旦有了字在上面就读出信息了。书是什么，书是由文字堆成的。世界上主要有两种文字，一种是西方的拼音文字，一种是我们的方块汉字。方块汉字特别有味道。

读书是读字，远古人类靠口耳相传，这种方式传播信息损耗严重。自从人类发明了字以后，人类的记忆和知识就开始慢慢得到了积累。中国古代关于字的出现与创造有很多神奇的说法。我们现在都说造字的人叫仓颉，说当初仓颉造出字来时，大自然的反应是“天雨粟，鬼夜哭”，就是说天上的雨都在下粮食，鬼晚上哭起来了。为什么会这样？是因为大自然的奥秘将被人类所破解。有了字以后，人就有了知识积累，有了智慧，有了对大自然协调和改造的能力。当然仓颉只是一个象征性的人物，他不可能那么厉害创造那么多的字，但可能在远古真的有那么一个人，把人民群众造的那些字进行了规范化的整理。这样的一个人在大家想象中自然就跟我们常人不一样，传说仓颉有4只眼睛，所以他能够看到的东西就很多。仓颉怎么造字呢，《说文解字》里说“仓颉见鸟兽蹄迒之迹，初造书契”。一场大雪后有鸟雀在雪上走过，留下爪印，人们受此启发，画下此印以代替某种事物。字最早是抽象的图画，所以字是对大自然，以及后来对人生和社会的一种高度概括。

早期的字以象形字为主。十二生肖的甲骨文就比较容易辨识，我们所见的字为抽象的鸟兽，那些具象的鸟兽就在自然之中。所以我们要认识这些文字，必须要到大自然中间去看这个东西，然后我们才能真正理解这个字。自然如此，天地造物、社会万象、人生百态，又何尝不是？纸上得来终觉浅，你一定要去亲自感知和实践。

所以什么叫书？文字的书，自然的书，社会的书，人生的书都是书。我们不要狭隘地只看文字的书，要去体会它。

读书首先要认字，尤其是汉字真的太有意思了。知道这个字读什么音，知道怎么写就算认识了，其实太可惜了。每一个汉字都能让人琢磨半天的，我经常会陷入一种状态，看着某个字而呆住，怎么会这样做出来这个字呢？有的字我就不懂，比如吻，拆开来是“口”“勿”，我就不明白，不用嘴接吻，用什么接吻？为什么这样写呢？再比如最好的鸟叫甲鸟，甲加鸟是鸭，既然是最好的鸟，怎么成了我们天天吃的东西了呢？凤凰的凤应该是最好的鸟了吧，但繁体字的凤是一个凡再加上一个鸟，那是最一般的鸟。

当然一说起文字，我们现在最明显的一个问题就是繁体和简体。港澳台地区用的是繁体，而我们用的是简体。台湾地区有一种说法，说繁体是正书，那么简体成了歪书了？没这个道理。繁体字可能文化色彩更浓一点，但简体字更加适合使用。文字发展的方向，应当是越来越简单。我就跟台湾一些学者说，你们使用的如果是正书，那你们干脆用甲骨文好了，那最有文化。

这些年，大陆一些并不具备识繁能力的个人或机构甚至政府部门，似乎为了显得更有文化而喜欢用繁体字，不少弄得错误百出，贻笑大方。随便举几个例子，我经常看到范仲淹误写成了笵仲淹，再比方说岳飞的“岳”误写成了“嶽”，山嶽的嶽，看到这个字我都呆掉了，山还能飞得起来？还有表达人物身份的太后，误写成了“太後”，我在书摊上曾经看到一本书叫《慈禧太後》，莫非让人理解成慈禧走在太后面了？讲最高女性统治者身份的“后”就是今天这个“后”。这个错误，毕福剑也犯过，他给打台球的潘晓婷题过四个字“玖球天後”，四个字中间错了两个字，九球的九是指数量的九，怎么能写成那个玖呢，天后的后怎么能写成後呢？再举一个我见到的例子是“孔子云”，有一位书法家喜欢写《论语》里的话，前面总归会题一个款叫“孔子雲”，这“雲”是指天上的云，不是讲人说话。还有把姜太公误写成了薑太公，让姜太公成了特别爱吃生姜的一个人。人物故里误写成故裏的例子就更多了，可谓随处可见。“裏”是衣服里外的里，这个错误连孟子故里都在犯。南京曾经打过一个广告，叫“十里秦淮河”，也错写成“十裏秦淮河”，后来知道错了，把广告全部换掉了，这么一换估计三五十万没有了。还有理发变成了“理髮”，人好不容易发达一下，却被理掉了。李白斗酒诗百篇，这个“斗”是容器计量单位，结果变成了鬥酒诗百篇，是说一边跟人家划拳斗酒，一边写诗吗？整个意境就不对了。

我希望同学们养成一个习惯，碰到字以后，尤其自己感兴趣的字要琢磨，这样读书才有意思。举几个跟大家密切相关的字：我们都是中国人，“中国”这两个字有什么讲究？

最早的“中”字出现在三千多年前的青铜器上的，这个“中”像一面旗子，为什么是一面旗子？“中”不像牛狗羊那么具象，可以画得出来，它是个概念，没有四方就没有中央，没有左右就没有中间。古人很聪明，画了一面旗子，首领在高处竖起一面大旗，四周的人看见纷纷赶过来，围绕在周围听从首领发布命令。旗子插在中间，以旗子为中的意思。中国是农业社会，喜欢居中，喜欢平衡，所以“中”后来又成了文化概念。认为这件事情比较好，河南人会说：中。说明河南有文化。全国其他地方不这么说，我们江苏是说“好”，好是个比较俗的字，好是女加子，有两种解释，一种说儿女双全叫好，那是民间的观念；还有一种实际上就是女子，有德的女子为好。

“国”的繁体，是或者的“或”外面加一个框框，其实再加这个框框是重复了，里面本来不就有一个框框吗？这个字中间的戈是指武器，旁边的一横代表土地，中间这个框代表城池，上面这一横代表一个人。国是什么意思，是一个人扛着武器去保卫国家的土地和城池，国这个字价值连城，是中国人就应该去保卫这块土地。中国古代有些皇帝喜欢自己造字，武则天造了一个字：圀，她觉得这个国字不好，重新造了一个，用一个框框里面加上一个武曌的武字，意思是“国家是我武则天的”，后来底下一个人说皇上你这个字造错了，这不把你关在里面了吗？她就改了。太平天国的洪秀全也造一个国字，一个框框里面是一个王，所以说洪秀全有帝王思想。我们现在这个简体的国字，一个框框一个玉，代表国家像宝贝一样，这个字是郭沫若先生从古代四十多种写法的国字中间选出来的。国就是玉，国就是宝贝。

再看一个字“秦”，跟我们每个人也都有关系。英语中的中国是China，这个词也有瓷器的意思，所以有一种说法是外国人喜欢我们的瓷器，用瓷器代表中国，但这个说法不对，英语中先有称国家的China，然后才有称瓷器的China。就像英语当中北京和北京烤鸭是一个词，不能说北京来源于烤鸭，只能说烤鸭来源于北京。

China其实是秦国的秦，秦这个字最初是一种喂马的草料，这种草料什么地方最好呢，甘肃天水的最好，现在叫猫尾股，它像猫尾巴一样的翘起来。秦国的成功就是靠马，我们中国人是秦人的后代。China也是吃草的人，我们是农耕民族。这么一研究，就发现文字多有味道。

再说一个“华”字。我们国家的神圣国号是中华人民共和国，最关键的中华两个字是中国和华夏这两个词中间各取一个字组成的。华夏是什么意思？华夏是像花一样美丽的夏。古代只有华没有花，等到大约公元四世纪的时候又出现了一个新的字：花，于是花和华两个字有了分工，草本植物开的花叫花，木本植物开的花叫华，华夏就是像花一样美丽的夏，意指华夏文化的美丽。问题的关键落到了“夏”字上面。中华是我们大家共同的名字，那夏是什么？夏天最典型的特征是蝉，“夏”的古文字上画的是一只知了，中华人民共和国追根溯源追到一只知了上面去了。我们今天知道知了是一种昆虫，古人认为知了是很好的东西，认为它“居高而鸣远”，象征着一个王朝的道德影响传至很远；其次古人认为蝉是餐风饮露的高雅之物，最关键的是，古人认为蝉是不死的，蚕和蛹循环往复。所以中国的第一个王朝称作夏。秦始皇说自己是始皇帝，二世三世至万世，传至无穷，这和“夏”是一个意思。

现在不少博物馆里有出土的玉蝉，这都是古人去世时，活着的人放在死者的嘴里的，叫作玉舍。蝉的玉舍实际寄托了一种希望，希望死者再转世。

关于琢磨字，我这里推荐一本工具书给大家：《说文解字》，这是中国的第一部字书，同学们可以先从自己的姓名研究起。

我们所在的这个城市扬州，最早的写法是“杨州”，旁边的扬子江最早的写法是洋子江，是说这个地方江很宽。现在每年很多人都到浙江那边去看钱塘潮，古代则是在扬州这个地方，当时长江的入海口跟杭州一样是个喇叭口，扬州这里靠海很近的。那为什么古时候扬州叫做杨州？大家可以自己去查一查。

读书首先是要读所有的书，自然的书、人生的书、社会的书和纸本的书，再就是读书一定要会认字，认字有高低深浅的差别，大家要去琢磨这些字。那么如何读书呢？读书的途径不能仅仅限于耳读和眼读。

你要到大自然里面去看，这叫作脚读。我们经常讲，读万卷书，行万里路，我把这个话掉个个儿，行万里路，读无字书，读一本更加鲜活、更加真实的大书，让书成为你的血液、灵魂、思想。

这是几种境界的读书，它们各自能起到不同的作用。读文字的书养志，读自然的书起码养生，那么，读社会的书养德。《论语》就是一部真实典型的社会的书，是孔子讲他怎么跟人交往，怎么勤政爱民，教育弟子们怎么为人处事的书。读人生的书养心，通过读这种书从而达到一种平和的境界。而且，我们还要书写自己的书，读人家的书，把那些书变成自己的东西,就会写出属于自己的精彩的书，让后人来读。

读书要有选择，我一路读书读过来，有些体会。不同年龄读不同的书，按照原来老的说法叫“少不看《水浒》，老不看《三国》”。年少的人看《水浒》，可能只知道里面打打杀杀，有英雄豪气。而到了我们这个年龄就能理解《水浒》了，比方以前说《水浒》宣传封建糟粕，“水浒”里的英雄为了朋友杀老婆。因为我从事传统文化研究，对这一点就比较理解，中国传统社会是个血缘社会，夫妻之间是没有血缘关系的，古代中国人最讲究的是四海之内皆兄弟，兄弟如手足，妻子如衣裳。我们读过去人写的书要理解他所处的那个时代，不能以今天的道德标准来评判《水浒》。

不同年龄读不同的书，三十多岁的时候适合读巴金，尤其是《家·春·秋》；四十来岁的人适合读鲁迅，现在中学教材里面放鲁迅的作品我认为有点问题的。50来岁到我这个年龄该读陶渊明，“采菊东篱下，悠然见南山”。陶渊明的诗中篇篇有酒，陶渊明著《归去来兮辞》，写《桃花源记》，自命为“五柳先生”，这些境界中学生体会不了。小小年纪便读陶渊明，喜欢上陶渊明，那一辈子就完了，就不努力了。陶渊明真的是看透红尘的人。我把他称作是六朝时代的名士，最后一抹灿烂的晚霞，喜欢他，要到我这个年龄才能理解他。中国古代科举考试为什么都用儒家经典去考，用朱熹的《四书章句集注》出题目作标准答案？因为儒家讲究勤政爱民的。国家能用道家的经典来考试吗？用《道德经》来考，道可道，非常道，生就是死，死就是生，那一个个考取了功名后都不做官了，天天到山里面去呼吸吐纳了。

孔子到了50岁才研究周易，为什么？因为周易是宇宙人生自然的一个大学问，不到50岁能懂吗？孔子总结他的一生“五十而知天命”，所以五十而学易。

不光是不同年龄读不同的书，还要不同的追求读不同的书。我在大学里面做了30年的教师，各种同学都接触过，我的感觉是，理工农医是生存的需要，政经法管是社会的需要，文史哲地是精神的需要。有什么样的需要，就读什么类型的书。

还有不同的场合读不同的书。古人说，“三上”读的书是要最好看的，马上厕上船上，得让你很愉悦的书。而在案上当然是读一本正经的书。

随着年龄的增长，读书一定要有判断。古人说，尽信书不如无书，我这里加一句，尽信书，则开卷未必有益。如何判断呢？首先知事论人，知人论书，读书一定要了解作者，不要一本书看完了谁写的都不知道，这就很滑稽。一定要知道作者的经历，读书要先看前言后记，看看目录，了解作者了再去读。现在外面书太多了，要有选择。接下来就要学会判断，怎么判断？情理和数理。

各举一个例子。首先看列入二十四史之一的《宋史》里讲司马光的故事。《宋史》里面说“光生七岁，凛然如成人”，是说他7岁时就像大人一样，这已经不大正常了。“闻讲左氏春秋，爱之，退为家人讲，即了其大指”，私塾老师给司马光讲《左传》，他特别喜欢，回去跟他父母复述，说得七不离八了。接下来为了印证司马光跟别人不一样，说其“自是手不释书，至不知饥渴寒暑”，后面一段便讲了那个为后人所熟知的鲜活的场景，说“群儿戏于庭，一儿登瓮，足跌没水中，众皆弃去，光持石击瓮破之，水迸，儿得活”，说的就是砸缸的事。见于正史的这么一个故事，如果我们尽信书，是不是要善待？

而在台湾的课堂上，老师讲完司马光砸缸的故事后，孩子们开始提问。老师本来是想启发学生说出司马光聪明或者机智勇敢之类的话来，然后因势利导让学生们效仿这种机智和聪明。结果没料到的是，第一个同学提问什么是缸；第二个同学问哪里可买到，多少钱一个，假如那个缸很贵，怎么能随便砸呢，即使不是自家的东西，也不能随便砸；第三个同学问缸是做什么用的；第四个同学则问他们家是不是经常断水；第五个同学问缸放在院子的哪里；第六个同学问缸为什么没盖盖子，说脏东西掉进水里喝了会生病；第七个同学问缸的高度，得到的回答是可能一米七左右；第八个同学问缸边有无梯子，石头有多大，怎样的石头能砸破大缸，司马光小时候能否抱得动；第九个同学总结了一下，缸需要用梯子才可以爬上去，因此缸很大，淹死小孩起码要满缸的水，而砸这样的缸必须是很大的石头，司马光是小孩，抱不动那样的大石头，如果用小石头慢慢砸，就算最终把缸砸破了，估计小孩也淹死了。所以得出一个结论：这个故事是假的。

记忆当中像这样的故事还有很多，什么叫历史，历史是 history，“他的故事”，这故事必须是真实的。但我们有不少东西是编出来的。读书怎么让人聪明，必须要去思考，如果书上的东西照单全收，就读成书呆子了。

再看一个现代的故事，我觉得也不合情理。上世纪七八十年代台湾国中二年级国文的教材上有一个蒋中正的故事，说他从小就不怕劳苦，每天都洒水扫地，帮着母亲到园子里去种菜。母亲织布的时候，他就在旁边看书。有一天他到河边去玩，看见河里有许多小鱼向着水的上游游，因为水太急，几次都被冲下来，但小鱼还是用力向上游。蒋中正看到后心里想，小鱼都有这样的勇气，我们做人能不如小鱼吗？但蒋中正小的时候好像不是这样的，他调皮捣蛋，从来不读书，也不会在河边看着小鱼向上游，而想到为国家做大事，那更不是他的思维。我去过蒋中正老家，看当地老人的回忆录里面说，当时浙江人喜欢在外面煮饭，蒋中正小时候调皮，常常趁人不在的时候抓一把土撒在饭上面然后跑掉。台湾早先教材上的那个故事，用情理判断当是编的。

读书中的数理，我也举个例子，叫数学帝分析雷锋同志捡粪。雷锋日记里面记载，1960 年春节假期的时候，战友们都去看戏、看电影或探亲了。雷锋同志想着为公社积肥，于是就背个粪筐拿着铲子出去捡粪了。最后公社收了他这趟捡来的粪一共多少斤，日记上面都记得清清楚楚。但有一位数学特别好的老兄，分析了雷锋同志的日记，得出的结论是日记有问题。分析说，辽宁抚顺这个地方春节的时候气温怎样，一般大牲畜的粪，农村里面都会收的，轮不到雷锋来捡，因此雷锋同志只能捡那些随地大小便的人的粪。这位老兄竟然测算了成人一次多少和小朋友一次多少，在那样的气温之下如果有点拉稀，要把它铲起来需要几秒钟的时间，再放到筐子又得几秒。

根据这样的计算得出的结论是，雷锋同志每走十一步，地上就有一坨粪。莫非我们景仰的雷锋同志，在日记里记错了，还是把时间搞错了？反正有点问题。这是判断历史文献和书的另外一种方法。

这样一种读书的过程，就不仅是一个简单的接受过程了，里面有你的思考和怀疑，在这个中间你会变得更聪明，而且还会让自己形成一种健康的人格，对社会对他人对自己都能有更多的了解。

分享一下孔子《论语》里的几句话，“吾十有五而志于学，三十而立，四十而不惑，五十而知天命，六十而耳顺，七十而从心所欲，不逾距”。意思是说，我十五岁的时候开始学习了，三十岁的时候已经可以自立于世了，四十岁的时候成为一个有知识，了解世间事物的人，五十岁的时候知道命运这回事，六十岁能听得见不同的意见，七十岁从心所欲，但也不要违反规矩。总结了他这一生不同年龄段在做不同的事。

那么像同学们这个年龄怎么会耳顺呢？肯定会经常跟爸爸妈妈吵架嘛，会逆反。当然父母也要理解一下，当年孔子也是这样一路过来的，想到这点心情就会平静下来。

再说怎么跟人相处。《论语》里说子贡问孔子，“有一言，而可以终身行之者乎？”有哪一句话可以作为我一辈子的座右铭？子曰：其恕乎。己所不欲，勿施于人。自己不愿意做的事情，不要强加到别人身上，凡事换位思考就会活得更好。

记得2007年相关部门曾评选过国人不可不知的五句《论语》经典。这真的可以成为我们一辈子的，同时还可以成为我们民族我们国家奉行的原则。

首先是“有朋自远方来，不亦乐乎”，来了就是“四海之内皆兄弟”，兄弟之间怎么处呢？“己所不欲，勿施于人”，真能做到这样，就“德不孤，必有邻”，然后“礼之用，和为贵”。这五句话值得我们用一辈子的实践来践行，真做到这样，就是非常好的一个人。

除了孔子的儒家思想，还有诸子百家的思想。这就是我们为什么要读《孙子》《庄子》《墨子》《荀子》《韩非子》……只有理解诸子百家，理解社会百态，才能让我们变得更加自如，更加善于处世。我这里给大家设计一个场景，帮助大家了解一下诸子百家。 假如你在街上走，突然遇到一群无赖向你挑衅,诸子百家的反应是不一样的。孔子说，我仁，仁者爱人，我会帮助你，哪怕你打了我；孟子说，我义，我会感化你；孔孟虽然都是儒家，但各自所表达的也不一样。老子说，我以柔克刚，你打伤了我的脸也没有关系，我的脸疼你的手也疼；庄子说，我顺其自然，既然被打了就是应该的，而且你打完了这边，那边还要再来一下，那叫平衡；墨子说，我们一起干吧，墨子特别喜欢拉帮结派，我们看刘德华演的《墨攻》那部电影，就知道墨子特别善于搞组织；荀子说，人性如此，人生来就是恶的，这些流氓无赖的行为是人的本性使然；韩非子说，把他们全抓了，这是法家；苏秦张仪会说，我们谈判吧；纵横家嘛；孙子则说，今天我没准备好，咱们明天约好在战场上见……这就是诸子的魅力。对于一群无赖挑衅，各家各派有自己的做法。谈不上谁好谁不好，只有合不合适的问题。

最后推荐几本书。第一本是关于国学的，理解了国学接着理解中国，然后理解自己、理解他人。我曾经和扬州的大儒、南京大学文学院教授卞孝萱先生合作主编过《国学四十讲》，一本书里讲了有四十门学问，比方说文字学是怎么回事，风水学是怎么回事，还有怎么取名字的名称学，各种学问里面都有。第二本书叫《正名中国》，于平常处见功夫，打破砂锅问到底，是我在百家讲坛上讲的内容，讲了十四个字，十四个中国古代朝代的名称，为什么叫这些名称，里面当然有着很大的学问。再一本书是我的《读史入戏》，把中国历史当一台戏来看，有哪些演员，哪些台词，哪些道具，舞台又是怎么样的。最后推荐我最近刚出的《胡阿祥解说琅琊榜》，《琅琊榜》这个电视剧很好看，我是借《琅琊榜》的平台传播正确的历史和正确的文化知识。

其实我觉得读书是一种习惯，读书就像我们的衣食住行一样是生活必需品，不仅办书展的时候谈读书，读书应当成为我们的一种日常生活。

CCTV10
百家讲坛
LECTURE ROOM
胡阿祥 著
正名中國
胡阿祥说国号
百家讲坛
坛坛都是好酒
揭秘十四个统一王朝国号
解析中华五千年历史变迁
中华书局

CCTV10
百家讲坛
LECTURE ROOM
祖国的名称
胡阿祥 著
百家讲坛
坛坛都是好酒
祖国的名称，中国人共同关注之事
《祖国的名称》，中国史独具魅力之书
高等教育出版社

范小青，她的小说被誉为温暖的现实主义作品。她的笔端记录着中国社情的方方面面。她用作品刻画了时代大潮中的人物群像……作为江苏文学界的领军人物，几十年来她孜孜不倦、笔耕不辍，作为江苏省作家协会主席，她提携后俊让江苏文学创作队伍人才辈出、精品不断。她是书香江苏形象大使、著名作家范小青。

范小青：当下的文学与阅读

这是个作家千载难逢的时代

来到扬州参加“第六届江苏书展”，我非常高兴。扬州是一个历史文化底蕴非常深厚，而且书香气息非常浓郁的城市。感谢组委会给我提供这个机会，我今天和大家交流的题目是《当下的文学与阅读》。先谈当下的文学，这里有两个主题词，一个是当下，一个是文学。那么当下是什么呢？

能不能用一句话说清楚我们当下这个社会的特点？好像不容易。狄更斯写《双城记》这个小说的开头时，说到他生活的那个时代，用了一组排比句，这是一个最美好的时代，这是一个最糟糕的时代，这是一个智慧的时期，这是一个愚蠢的、愚昧的时期，这是一个有信仰的时期，这是一个怀疑的时期……

原文我记不太清了，总的意思是说，这个社会非常复杂、非常丰富，这其实也正是我们当下社会的一个特征。不是用一句话、一个定语就能评判这个社会的好与坏、正确与错误

第六届江苏 展
江苏书展
2016.7.8–7.12 江苏扬州
交汇点新闻
视觉江苏
现代快報
荔枝新闻
新浪网
sina.com.cn
鳳凰網
ifeng.com

在水开始的地方
范小青 著
"鲁迅文学奖"得主范小青作品
苏绣文字 江南味道
湖南文艺出版社

中国好小说|范小青
中国好小说
范小青

桂香街
范小青
苏派小说掌门人
范小青
最新长篇力作

等等，那么这就是一个最适合写作的时代，这个时代对作家而言应该是千载难逢的时代。

写作就是要把说不清楚的话、说不清楚的东西用艺术的形式表现出来，让读者去体会、去思考、去感悟，而不是作家以自己的想法对这个时代下一个定论去硬塞给读者。当下这个社会虽然我们用一句话说不清，但我们可以感受到它的许多特点。

比如说这是一个物质化的时代，大家可能都不会反对，经过三十多年的发展，今天我们的物质生活、物质文明已经达到了一定的水准，这是我们每个人尤其是上了一点年纪的人都切身感受到的，当然年轻人也能感受到我们现在的物质生活，是相当丰富、相当富足。

这样一个物质化时代的同时，科技发展也是高速快速飞速的，我们可能一年左右就要换一部新手机，10 年前很多人都还没手机，而现在每个人有 1 部甚至有 2 部 3 部的，我的好多朋友拥有 3 部手机，一会用这个，一会用那个。

这就害得我不得不把他名下的三部手机号码分别存到通讯录里，于是变成了张三一张三二张三三，李四一李四二李四三……这就是说我们现在社会物质的发展、科技的发展已远远超出我们原先的想象。

有经历才能有体会

前一阵听了一位院士关于“互联网 +”的讲座，谈到这个大数据时代的来临，会有许多我们匪夷所思的事情发生，会有许多东西让我们措手不及。生活当中我们享受着物质带来的舒适，享受着高科技给我们带来的便捷。我们离不开手机，谁也不想把手机扔了，因为手机实在是太方便了，没有手机实在是太不方便了。

我们为什么要舍弃方便的生活而去追求那种不方便的生活？过去是因为物质条件不许可，现在条件许可了，那我们就该享受高科技发展给我们带来的福利，这是全人类都追求的一个东西。这也正是现代社会的特点之一，高科技带来的物质发展给我们的生活带来了很多你意想不到的舒适和便捷。

而这一切又并不是文学要写的东西，文学的一个重要作用就是给世人以警醒，让人反思一些东西，比如我们在说手机好，那手机是不是也会带来某种负面的作用，困扰我们，束缚住我们的手脚？

想起三十多年前，上大学的时候老师给我们讲西方现代派文学，说到当物质文明高度发展以后，人类的精神会找不到出路，会表现出很困惑很痛苦的状态，老师举了西方现代派的一个话剧，话剧的名字叫《椅子》，舞台上放满了各种各样的椅子，两个演员从舞台的一侧上台，说一些台词，目的是要穿过这些椅子从舞台的另一侧走下去。

结果这两个演员在台上的这堆椅子当中转来转去，迷失了方向，始终没有找到下台的路。这个独幕话剧在当时根本就看不懂，老师说，这就是西方现代派作家对物质文明高度发展以后的反思。那些椅子就象征着物质，而人类被物质所左右所束缚。

老师举的这个例子，当时不理解，还有一个很重要的原因，就是我们当时所处的时代背景，那时候的物质非常贫乏，我们都很贫穷，我记得我和一个大学女同学两人在食堂合打一份青菜，每顿都是这样，五分钱一份的青菜两人各吃半份，省下来的钱，买衣服买零食。任何时代的女孩子都喜欢穿衣打扮的，那个穷的时代也不例外。我们从嘴巴上省一点下来，要省多少天才能买一件衣服呀！在这种物质极其贫乏的情况下,老师说有一天等到物质发展了，我们的精神会很痛苦，谁会相信谁能体会？

没有体会相信不了，当时间过去了30年，现在有体会了吧，当然有了。现在我们社会上的很多现象都说明了这一点，我们的信仰、我们的精神有些地方出了问题，这是物质发展过程中的一个必然的现象，任何社会都逃避不了的。我们通过文学要做的就是让我们这个社会保持警醒。

手机

我写过一个短篇小说，是关于手机的。当然这都来自于我们生活中的切身感受。比如现在我们出行都很方便，从这个城市到另一个城市去开会，会议通知不像以前那样要寄一份给你，请柬设计得漂漂亮亮的。很简单地往你手机上发一个微信，你也不用背出来，只要大致知道时间地点就行了。明天有会议了，我要订机票了、订高铁票了，都很方便。到了开会的那个城市，给负责接站的人打一个电话，就会把车子开过来接你。

经常出差的可能最有体会。到了北京南站，有的北京人比较客气说弄个车子来接你，叫司机在出口处等你。我说："不要，打车很方便"，出租车的指示标牌很清楚。但朋友客气，一定要来接。碰到过几次，司机接到了我的人，但却找不到他的车了，领着我在停车场上上下下地找车，停车场太大了，像上海浦东机场、深圳机场停车场都是有负一负二负三层和地面的，稍微粗心一点或不常去接人的话，你停了车还真找不着，这就是大。但大是需要的，不大不行，这是一个矛盾。

像我就特别喜欢坐那种小飞机场的飞机，比如无锡硕放机场，它也是国际机场，我从下飞机到坐上接我的车10分钟就搞定了。而去年到深圳出差，下了飞机走到门口花了40分钟，机场一大带来的问题就是接站的人很不方便。

这个时候我们中国人的一点小聪明就出来了，这点小聪明是国外任何国家比不了的，老外经常是直线型的思维，规定怎么样就怎么样，中国人有句话叫“上有政策下有对策”，你不是停车场很大嘛，你不是给我们不方便嘛，那我就想办法让自己变得方便一点。

把车停在飞机场或火车站不远处的马路上。当然这是违章停靠，但只要警察不来管，我就停一下，要接的人一个电话打来，他哗一下就开上来接到了你，根本不用到地下负一负二负三层找车了。这也是中国人当下的一个特色，小聪明非常多，差不多每个人都这样。

有一次我也是这样，到了火车站下车了，接站的人停在马路边上等我，我应该用手机给他打电话，请他上来接我。结果发现手机死机了，一死机就傻了眼，我怎么等，他也不知道我到了，周围当然有手机，但我不好意思去借，现在人警觉性都很高嘛，你去借，人家不借给你也挺难为情的，所以傻等了半个小时，他终于忍不住把车开过来了。

某先生的故事

我一个短篇小说写一个“某先生”，其实是在写一群人，写现代社会诸多特征中的一种。

这群人的共同的行为就是他们经常要出去开会，经常要出差。这个“某先生”坐飞机到了另外一个城市，下飞机的时候他应该打电话给接他的人，结果他手机死机了，死机以后他就想第一时间要找到电话打，通知接他的人。

他想到了找磁卡电话，但机场的磁卡电话已少有人用，也找不到这样的电话了。好不容易找到一台投币电话，把硬币投进去根本就打不通，它是坏的，因为没有人用。

他在想，我到这个城市来是参加一个会议的，本来晚上要报到的，我这飞机晚点了，已是半夜了，我若找不到这个会场明天早上就开不了会。想了想他决定先打个车进城再说，进城总有办法找到电话，然而他打车的时候司机问他到哪里，他说我还没想好呢你先开着，司机觉得这人有点怪怪的，所以保持着警惕。

“某先生”在路上想，我还是应该去一个宾馆，在宾馆里找一台电话，应当不是问题。

这样，出租车司机就把他带到城里的某一个宾馆放下了，放下后他走进宾馆，看到服务台上面一排电话他非常激动，扑过去就想打。总台服务员说先生你要打什么电话，他说我要打长途电话，这不行这都是内线电话，不要说长途了，市内都打不起来。他说那你能不能给我找一个地方可以打长途的电话呢，说只有一个办法，你去开个房间住下来，住下来可以把房间的电话开通长途，然后你就可以打了。他想想也只有这样了，就开了一个房间，缴了押金开通了这个房间的长途电话。

这在我们的过去生活经历当中是非常多见的，我们出差到了某个地方，住进宾馆的第一件事就是拿着钱到总台去缴押金开通长途。那时候没有手机，你走了这么远的路，去了另外一个地方，你首先得告诉家人已经平安到达了。而如今的宾馆像这种长途电话的生意基本都停了，所以这个总台的服务员看到某先生手里拿着部手机还要缴押金开通长途就很奇怪，就说了一句，你这个人还蛮节俭的，她以为他是节省手机费，其实手机费和长途费差不了多少。

记得手机刚流行的时候大家还省着点用，舍不得用。现在不同了，即使人在家里，也很少用座机打电话。就是认为手机方便，人名一调出来就打了，很多人家的座机电话基本都废弃了。

再说这个“某先生”，他缴了押金开通了长途，拿了房卡进了房间，看到床头柜上有一台电话，这时候一阵激动，终于找到组织了。他扑过去拿起电话来按了一个0，这个0就是长途音，一听到里边的声音心情异常激动，但突然之间傻了，为什么呢？大脑一片空白，他要拨什么电话呢？他不知道，因为他脑袋里一个电话号码都没有。

我们现在想一想，每个人还记得几个电话号码？我们有手机通讯录，所有人的电话号码都变成了名字在你的手机里存着，老公的、老婆的、儿子的、科长的、局长的、同事的、朋友的，都是名字。当手机显示来电或者来信的时候显示的都是人的名字，而不是电话号码。

所以我们每个人的大脑记忆电话号码的功能就慢慢退化了，不需要你记，太方便了你还记它干嘛呢。倒退回去若干年，我们每个人脑子里至少有那么几个电话号码，老公肯定记得老婆的，老婆也记得老公的，子女记得父母的，还有单位的号码，一些领导的号码等等，但对不起，现在这些号码都变成了汉字出现在你的手机里，所以你的记忆号码的功能也就衰退了。

当这个“某先生”终于可以打电话的时候，他突然发现自己根本没有电话可打，因为他脑子里一个号码都记不得，首先在飞机场等着接他的那个人是会务组的，他压根儿也不知道人家的号码，其次这个单位里所有人的号码他也不记得，弄到最后，他总算把自己老婆的电话想起来了。

但想起来了，还是有个问题，老婆的习惯是晚上睡觉要关机的，不像有些人 24 小时不关机。他好不容易记起老婆的手机赶紧打过去，但是关机了，这倒也让他心里有了几分踏实，关机了肯定是他老婆，他就想那没办法了，要等。

只有等第二天天亮老婆起来把手机开了，他才能联系上她了，那他就迷迷糊糊休息了一会儿，也没睡好，因为心里不踏实，第二天一早要开会，他到不了会场。然后天就亮了，第一件事情赶紧爬起来给老婆打电话，一打果然通了果然是他老婆，他很庆幸自己终究还记得一个号码，他给老婆打通电话，第一句就问，"老婆我今天在哪里开会？"他老婆说："你在哪里开会我怎么知道呢，你这话不是很莫名其妙吗？"

这又是一个现象，是我们中国当下家庭的一个现象。假如放在过去，夫妻双方有一方出差，另一方会帮着收拾行李，还要关心你到哪去，去几天，有没有女同事陪着你去呀等等。

可现在的家庭一般都是，双方只要不是新婚，新婚那是另当别论，那段如胶似漆的时期过了以后，双方就进入正常阶段，工作都紧张，都很忙。你出你的差，我干我的活，比如我明天出差了，后天回来就行了。他不会具体告诉老婆说我今天到哪，住哪个饭店或在哪个宾馆开什么会，他就是说了老婆也不一定听进去，因为老婆也很忙，老婆也要开会，也有很多事情。因此不必多讲，各人忙各人的，这是当下社会的一个特点。

所以"某先生"的老婆根本就不知道他去哪里开会、住在什么宾馆，这种情况下他只好对老婆说，那你能不能帮我问一下我的同事老张，这个会是老张通知我的，你问了老张就知道了。这时候他老婆就回他说，行啊那你把老张的电话给我，我帮你打。大家笑了，为什么呢，他哪里有老张的电话呀。

老张的电话死在他手机里了，如果老张的号码没有死在手机里，直接打就是了，全死了，手机一死就全死了，老婆说："你没有老张的电话我怎么会有你们老张的电话呢？"他老婆说对吧，他说那怎么办呢，能不能辛苦你一趟，帮我到单位去找一下我们老张不就行了嘛，难得碰到这样的事情，死机也是千载难逢的，但千载难逢一旦逢上了就碰到问题了。

他老婆总算勉强同意，说好好好我就帮你跑一趟，我也很忙，忙得要命，领导找我……但我还是可以挤出点时间帮你跑一趟你单位找你们老张。老婆答应了，他这心里踏实了，往床上一倒就睡着了，因为晚上没睡，就一觉醒来已是中午了，怎么老婆电话还没打来。

他着急了赶紧打老婆的手机，很生气地说："我让你去找老张，你怎么不给我回音？"老婆说："我给你回音？我到哪给你回音！手机关机了我找不着你！"他说："我用我住的宾馆给你打的电话，你手机上应当会显示这个宾馆的总机号吧？"老婆说："对啊！显示了我打过去了，但宾馆说你住在哪个房间不能告诉我，这是客人的隐私，那我就没辙了。"

好，他无话可说，算了，他说那你找到老张没有，我今天应该在这个城市的哪一个宾馆开会啊，对不起，你们老张也出差了，你们同事也找不到老张，反正周折了一大圈，中午都过了，今天这个会你开不了了。

后来想想真太傻了，手机坏了找地方去修一下呗，简单的事情被弄复杂了，过分依赖手机就会犯这样的迷糊。他赶紧打听到维修点把手机修好了，修好以后打开来一看知道了是什么会议，在这个城市的某一个宾馆召开，赶紧打车到这个宾馆去，路上又堵车。路上堵车这是我们现实生活中再普遍不过的现象，每个人都会碰到，这样一折腾，他到这个宾馆的时候已经是下晚了，散会了。

一辆考斯特停在宾馆门口，会务组的同志正准备送会议代表往机场去。会务组有一个同志对这个“某先生”有点熟悉的，因为经常开会嘛，他也不知道“某先生”根本就没来开会，以为他也要上车走了，就说：“你走啦？怎么会议纪念品都没有拿，是不是忘房间里了？”他也没说话，这个会务组同志就说：“我这大堂里还有，给你带一份走吧。”就帮他提着会议纪念品把他送上了考斯特，考斯特就开到了机场，他就坐着飞机回家了。我写的就是这么一个短篇小说。

作家要警醒社会

这是个非常普通的手机死机的故事，从中试图想说两样东西，一个是我们生活中一些常见的东西其实有时候是很荒诞的，第二个就是社会发展、物质发展、科技发展到一定时候会把人类束缚住、困惑住。这些我们早年在西方的美国的一些电影里看到过不少，如今，我们都有这样的经历了。过去当我们看到什么机器人最后把人类干掉了，都很惊讶，但现在不惊讶了，机器人本来就是人类创造的，人类社会发展到一定的时候，物质是会对人类有所困惑、有所束缚的。

所以作为文学来讲，在当下社会中，有很多东西需要我们反思、需要我们警醒。比如过度依赖手机这个事情。怎么去分析它，怎么去看它，我觉得这是一个写作者、一个作家、一个文学作品要承担的义务和责任。

信息爆炸的社会

还要说一个社会特点，也是大家体会比较深的。即我们每天所面对的信息之多。早上起来打开手机就看微信，据说自从有了微信，得痔疮的人也多了，因为常常是坐在马桶上看，一看就不起来了。看完以后去上班到了单位，如果事情不太着急打开电脑看看人家的博客，看看微博，然后还要看看这个官网的新闻等等，这一圈下来你的脑袋里已塞满了各种各样的信息。

当然有一部分信息对我们是有用的，可称之为知识，更多的可能一点用也没有，它不是知识，你完全可以不需要它。

每个人的大脑是有限的，装了那么多乱七八糟的信息，那我们创造的空间就被挤占了，我们要给自己的大脑留一点空间，人类最重要的是创造，是创新，是想象，被各种东西塞满了，你还怎么去想，你脑子里尽是别人的东西了，而且这些东西也未知是正确的还是错误的，是真的还是假的，根本就不知道。

我就想起一个佛教小故事，说一个年轻人一心要学佛，读了很多有关佛教的书，自己感觉到积累了不少学问，但他还想进一步提升，就上山去拜一位老禅师为师，他说："老师傅，我学了很多东西，但我还要进一步提高，你能不能再教教我，让我的水平更高一点？"师傅问他已学了哪些，他就把自己所学的东西全部讲给老师听。

老和尚听了也不说话，就让他喝水，拿了一个茶壶、一个茶杯给他，茶壶里的水不停往茶杯里边加，溢出来了还在加，这个年轻人就说了："老师傅，杯子已经溢出来了，你怎么还在加水呢？"这时候老师说了："对啦，你自己装着一肚子的学问来向我学习，你向我学什么呢？你学了又往哪装呢？你要把这个水倒空了，再来跟我学习。”

阅读

现在我再来讲一讲当下的阅读。我还是说一些具体的故事，真实的事情。有一次也是在一个书展上，我们也在谈阅读，我谈了自己的一个体会，说我参加了一个会议，这个会议很长，开十多天。我本来是带着电脑的，想，你不开会的时候，我就写作也不浪费时间，但其实根本不行，因为心静不下来。在一个会议上你要想静下来写作是非常难的，而且在外面宾馆的房间里，你总觉得心是不踏实的。所以那个会上我就特别地烦躁、特别地焦虑，开了十多天的会，想写东西什么也写不出来。

有一天下午是休息，我就想这半天时间我一定要利用起来，快快地做一些事情。电脑开了，却一个字也写不下去，算了，看电视，又觉得心烦，看手机也不舒服，干脆关了电脑，扔开手机，电视也关了，我拿了一本书，一本纸质的书，那是一本什么书并不重要，重要的是我的感觉，我从下午 2 点看到 4 点多钟，窗外的那个夕阳开始红了。

我从窗口往外看，记得中午的时候我从窗口往外看，觉着这个生活怎么这么糟糕，怎么这么烦人，怎么这么不舒服，外面全是灰蒙蒙的一片。当我看了两个多小时的书以后我再从窗户往外看，突然发现生活是那么的美好，一切都那么的和谐，心情也特别舒畅，写不写东西有什么了不起，浪费时间也无所谓，这时候的心情全然转变了。

也许有人会说你这个讲得太虚幻，谁理解你的体会？那好，我就再来说说我看到的一个数据，说美国有一个州，这个州的警察局规定所有的警察每个月必须读几本书，警察的工作压力是非常大的，每天都很危险，面临各种暴力事件，因此有心理疾病的警察不少，这个警局让警察去读书，推行了一阵以后，警察的心理问题果然得到了缓解。

那次也是面对读者谈阅读的作用，听众席上一位年纪较大的同志站起来了，说接着你的话，我来一个“现身说法”吧。他说：“我跟我老伴年轻的时候脾气都不好，年纪大了后脾气都变得很古怪，一点小事情就要吵架，不值得吵的事情也吵个没完，吵了以后又觉得心烦。”他说有一次两个人不知道为一件什么小事情又吵上了，吵着吵着他突然觉得特没意思，于是从客厅里吵架的场地转移到书房里去了，没一会儿从书架上拿下一本厚厚的书来坐到写字台上看书去了。而他老伴那一刻并没休战，从客厅里追进来，看到老头子在看书，而且厚厚的一本书，老伴突然停止了，站了一会儿就退出去了，一场战争平息了。他说先前也遇到过类似的情况，我不想跟她吵，就打开电视机，老伴会把遥控器夺走，我打开电脑老伴也会跟我捣乱，不许我看电脑继续吵，但是见我打开一本厚厚的书，老伴居然默默无声地走了。他说这就是我对书的理解。

基础营养

这几个真实的故事都是说阅读的一种潜移默化的作用，对人的精神的一种滋养，同时我还要强调的是，尤其年轻人要注重一些基础的营养。什么叫基础的营养？就是文化类文艺文学，我自己上大学之前读的书加起来大概不满十本，大一大二两年，我在学校图书馆看了几百本的世界名著，后来我的写作跟年轻时大量阅读绝对是有关系的。当然一个是生活经历，另一个就是基础营养的补充，才使得后来我慢慢在文学的路上越走越远一直走到今天。而且年轻时候的阅读不是功利性的阅读，不是说我为了做一个作家或者为了做一个老师才去读的，就是因为喜欢这些世界名著。

就这两条：第一，读书它是潜移默化的，看不见也不是急功近利的；第二，还是要多读一点基础营养的书，这样的书对你们今后的成长，无论干什么工作都会有很大的帮助，都是一种很好的积累。

祁智，著名儿童文学作家，出版人，书香江苏形象大使。喜欢读他书的小读者称他为“胖叔叔”。他的代表作《芝麻开门》《小水的除夕》，两获“五个一工程奖”；作为出版人，他策划编辑的图书先后19次荣获国家级大奖；作为儿童阅读推广人，他经常走进校园，让经典浸润孩子们的心田。

省美德少年文学故事丛书》
传媒集团

芝麻开门
祁智 著
江苏少年儿童出版社

祁智 著
小水的除夕
xiao shui de chu xi
江苏凤凰少年儿童出版社

祁智精品成长文集
金 波 曹文轩 秦文君
黄蓓佳 沈石溪 张之路
联袂推荐
迈克行动
祁智 著

芝麻开门系列
小金鱼飞翔
A Farewell to Goldenfish
祁智 著
江苏凤凰美术出版社

祁智：聆听经典的声音

同学们好，老师们好，很高兴我们在一起聚会，我今天想说一种阅读的方式，这是我自己的体会。

先说跟扬州有关的一句话："骑鹤下扬州"。我看到这句话的时候，是在1979年。我在扬州上的大学，我认为没有什么交通工具比骑鹤更浪漫、更逍遥、更合适。扬州是一个特别的城市，它不张扬自己的辉煌历史，自己的成就，自己的积淀，甚至不张扬它身上的创伤。但每一个人只要说到"扬州"，很多有关于它的传说、诗文会扑面而来，挡都挡不住。

到扬州来，怎么来？骑马来太平常，坐船来也太平常，走过来更平常了。于是我们的老先生选了这样一个交通方式——"骑鹤下扬州"。

来到了扬州，做什么呢？吃包子、洗脚、洗澡。我看到台下的朋友都笑了。跑到扬州来吃包子，太简单太平常了。可我说不平常。从包子可以看历史。第一，你得有原料做包子，你没有充足的粮食，你做不了包子。煮稀饭的米都不够，怎么可能还有做包子的粮食？那就说明我们这儿的农业大丰收。从农业大丰收中可以看到我们劳动的生产工具的先进，而从中又可以看出我们冶炼技术的进步。第二，你做好了包子得有人来吃，外面人来吃当然是一方面，最主要的是包子进入了千家万户。我们现在到富春、冶春吃早茶吃包子，无论外地人还是当地人，要想坐到那桌子上，你必须起早。很多的人是我们当地的人，说明包子进入千家万户，成了老百姓的生活之需。第三，吃东西是要心情的，如果兵荒马乱，如果上顿不接下顿，谁还有心思在那儿吃包子？一壶茶、一碟干丝、几个包子，三五个人，坐在那儿聊半天，这是何等的心境和情境？没有这些，包子吃不起来。

修脚，为什么要修脚啊？远道而来的人到了这儿，虽说是骑鹤，终究还是走过来的，到了这儿，看这看那，走累了，把脚泡一泡，所以在扬州，修脚成了一门手艺。提到扬州人的修脚，那是全国都有名的。你哪来的？扬州的。厉害！人家马上就找你这师傅。为什么呀？这儿有历史。修脚的人多，说明这里有钱的人多，说明有需要的人多，说明有心情修脚的人多。

还有洗澡。澡堂子，早上皮包水，晚上水包皮。有人说洗澡能看到什么呀？第一，澡堂子是人集中的地方，其乐融融，说明和谐；第二，那个时候掩也掩不住，盖也盖不住，在这种环境里不仅肝胆相照，而且还是“面面相觑”；第三，信息交流，文化交融。

我们从包子、修脚、澡堂子，都可以看得出里面所蕴藏的历史。所以我们读书，不仅要读书本的书，还要读社会的书；不仅要看文字，还要看文化、文明。

刚才说“骑鹤下扬州”，为什么要骑鹤？今天我是从南京来的，中午十二点钟动身，一点钟不到就到这儿了。同学们想一想：如果在清代，我春节之后就得动身了，要不然到不了这。清代从广州到北京，官方规定的时间是多少呢？是56天。从京城去广州上任，56天后才能到任。广州有什么消息上报京城，56天后才能送至朝廷。这一来一去一百多天，于是一个最快捷的方式就是八百里加急。噼里啪啦，换马不换人。皇上驾崩、没了，新皇上登基了，你得赶紧让广州人知道，那多少时间？最快的速度——27天。这是最快的，古代最快的速度。一来一去就54天。古人为什么要讲诚信？比如讲，我们约好7月12号到扬州来做一个“大讲坛”，跟大家汇报一下思想。我说，好。我春节之后就动身往这儿赶了，可跑到这儿发现门是关的，或者根本就没开大讲坛，你说，跟你开玩笑的。那我怎么回去？古人为何要讲诚信？其中一点原因，就是经不起折腾，没法折腾。

我们说读经典，包子是经典，三把刀是经典，水包皮也是经典。这些东西都没有声音，但在那个地方热腾腾的蒸气，让你感觉到那里边有精气神，那个精气神里有历史、风情、社会，有江山社稷。

离我们不远就有运河流淌，流淌了多少年。可我们是愧对运河的，多少年了，没到运河边去认认真真看一眼，打量一下。现在有一个统计，我们公路的运输、海路的运输、空中的运输，加起来抵不上运河的运输。所以运河水不仅灌溉了两岸的人民，而且作为一个运输大通道，一直在发挥它巨大的作用。

有人说，运河，包括长城，在修的时候，给老百姓造成了很大的负担，所以秦朝没了，隋朝也没了。他们在修的时候没有想到过，自己这个朝代会没有？我们甚至想不到，他们为什么要修长城，为什么要修运河。我是这么认为的，对此我们要弄清楚两个词：一个词叫“灾难”，一个词叫“苦难”。什么叫灾难？灾难就是天打五雷轰，一个雷一劈，房子被烧了，或者一场风暴、一个地震，给很多地方带来了损失，那叫灾难。什么叫苦难？是这样，我的爷爷面朝黄土背朝天，呕心沥血、披荆斩棘，用他30年的寿命，给后代置了一块地、盖了一幢房子，苦不苦？他苦。这个苦是我们的老祖宗自找的。一个民族从来不拒绝苦难，但是他害怕灾难。我把房子建好了，“嘭”一下，被雷打掉了，烧掉了，那是灾难。当然灾难来临，我们这个民族又有应对灾难的能力、信心和精神。开凿运河，一定是很多人吃了很多的苦，但开凿了之后，给后人带来了无尽的恩泽。所以一个民族，我们的老祖宗吃的苦越多，我们今天得到的恩泽也就越多。同理，一个朝代或者一个时代，承担的、付出的越多，那么它的后代所享受的也就越多，它的文明也就越灿烂、越伟大。

运河修凿好了，隋朝没有了，不是为了看琼花，而是为了南北的交通要道。普天之下，莫非王土，北方的物资可以很迅速地到南方来，南方的物资能够很迅速地调到北方去。交流，人的交流，文化的交流，物资的交流。这个朝代没了，但唐遵隋制，大唐盛世，它的基础还在隋朝。隋是很了不起的一个时代，不是因为隋朝没了，这个朝代就不提了，不是。何况隋炀帝在历史上也是做过巨大贡献的一个君主。

长城也是。秦始皇为什么要修长城？在大航海开始之前，看看我们中国的版图，东边和南边是万里海疆天然屏障，西边是高山峻岭也是天然屏障，唯北方是一个开阔地。

所以在那个地方要建一道墙。它不是城，它是一道墙。这座墙建好之后，可以看得出中华民族，它不是一个进攻性的民族，因为墙是防御型的，是为了抵御外族的侵略和骚扰用的；同时也表明，我们是有领地意识的。

另外，长城和运河的修建，首先要修得起、建得起。那么多的人上工地上去了，没有粮食吃怎么办？这就说明当时国库是充盈的。修得起，用得上。为什么欧洲不修长城？因为欧洲国家的版图都很窄，抽根烟的时间就绕过去了，修长城没有用。但中国的长城用得上，东西连绵，那么多那么长的一个战线，能维护得起，充分证明我们这个国家、我们这个民族的伟大。那种宏大的战略构想，包括运河也是，东到西是静止的，南到北是动态的，一静一动，是中华文明的象征，中国文化的象征。

秦始皇，自称始皇帝，但十来年的功夫，这个朝代没了，但是秦为大汉四百多年奠定了基础。看一个数据，汉代的时候，我们的人口有了多少？比秦代翻了一倍还多，大约是7000万，那么多的人。有人说那么多的人怎么来的？生呗，一个“生”字，哪里是那么简单，你得要有人生呐，要有青年男子、青年妇女，才能生，而且要一代代生。说明什么？当时社会是安定的，青壮年不在前线打仗，而在家里面种地开垦、丰衣足食。新添了那么多人，还得要有足够的饭吃。农业发达了，冶炼技术发达了，医疗水平提高了，生的孩子存活率高了。所以一个人口的数字，可以看得出当时的历史社会风貌。我们今天看过去，可以看历史书，看文学书，看历史遗存，还可以从这些蛛丝马迹中，看到过去历史的星星点点。

因为是谈读书，突然就想到了《三国演义》，很想说说它。从这本书里，有的人看到的是杀人，看到的是战争，看到的是计谋。我却从这本书里看到另外一种景象：逐鹿中原与国家实力。大家想一想，曹操从遥远的北方率百万大军向南推进，推到长江边上。我们先不说它有没有 100 万，三四十万总有的吧。这些大军怎么过来？不可能用大型运输机运过来，没有汽车，也没有动车，基本上是靠走过来的。怎么走？他要生火做饭，他要有足够的粮草，还要有足够的通讯工具保证相互联络畅通。我曾经跟大家开玩笑，做饭得要带多少锅？第二天早晨走的时候，那个地上排泄物有多少，几十万人口呀，那样的一个生活场景是什么样子？他们从北方推进到南方，没有实力打不了的，拼的是实力。

我还看到了刀光剑影与礼仪之邦。我们为什么是汉民族？为什么是礼仪之邦？我举个例子，曹操已经不行了，何况他面对的是关云长呢。但曹操跟关云长说什么？他说，我不行了，我们不妨回忆一下过去，我当年是怎么对你的？我允许你身在曹营心在汉，我允许你一有哥哥的消息就让你走，我不仅仅让你走，我还送你一匹马，当时那么多人叫我把你灭了，我要把你灭了可是太容易了，可我没有。关公一听脸更红了。往后一退，你走吧。这打什么仗呢？这哪里是两军对垒你死我活？但我们谁批判过关公，说他叛国投敌吗？没有。尊称他为英雄。关公为什么在这儿？诸葛亮把他安排在这呢，诸葛亮就知道你有这一出。你的心结解不开，我就让你在这儿，这样的话你跟曹操就两清了。你想，我们一个军团，里面的一个参谋长，居然允许底下的大将做这种事情，而且早就算好的。那也行，你关公在这把他放了，我在后面再安排一个人把他抓住。没有，就让他放走了。这是诸葛亮。是诸葛亮成就了关公。但是刘备找诸葛亮算账了吗？没有。整个的中华民族没有一个人责怪过诸葛亮，责怪过关云长。那是我们大汉民族成就了关公，中华民族推崇这样的英雄。你看看《三国演义》里很少有偷袭的，总是排兵布阵，那个阵势摆不好，你都丢人。阵势摆好后，一对一，我不行了，鸣金收兵，明天再打；明天你不行了，我也不追穷寇，你回去我也回去。这就是双方在打仗，打的是一种默契，也是一种礼仪。

何谓礼仪之邦？这就是。当然，这不是全部。

此外，从这本书里我还看到了三足鼎立与文化建设。打仗归打仗，还有什么文化建设？我们尽可看一看。三国其实就是三大兵团：曹操兵团、刘备兵团、孙权兵团。这三个兵团都有特点：刘备自称刘皇叔，他要匡复汉室，整天忧心忡忡；孙权早年失父，跟着哥哥打天下，但是哥哥也没了，自己支撑整个家族；曹操是没有爷爷的，因为他爷爷是个宦官，过继了一个儿子，是他父亲，然后父亲生下了他。曹操是什么？一人之下、万人之上，他是正常拿工资的公务员，既不要匡复汉室，也不要趁年轻打天下。江南的孙权兵团，都是一批年轻将领，一个个要马上打天下、趁早成名，他们从来不重视、不屑于文化建设；西蜀兵团，为了匡复汉室忧心忡忡，所以他们没有时间和心思搞文化建设；而曹操不同，曹操有正常的工作，有正常的家庭生活，他有时间搞文化建设。我们一般的人基本不知道孙权说过什么，留过什么文字；也不知道刘备那个兵团留下过什么，但还是比孙权兵团好，诸葛亮毕竟忙里偷闲写了两篇论文：《出师表》和《隆中对》。可曹操这个兵团就不一样了，曹操不仅自己写诗，一家人都在从事文化建设，一家人都是很厉害的诗人或文人，从中我们可以看出什么？江山总被雨打风吹去，英雄人物大浪淘沙，唯文化永存。那个朝代没有了，那个朝代的风云人物也没有了，只有文化能留下来。大家传颂的，不是因为他们曾经打过多少仗，而是因为那个朝代在历史上留下了多少文化，留下了多少名垂青史的诗文。

我们现在写作文，有时一个省或一个市在写同题作文。而在唐代或宋代，大家都在写一个同题作文，题目就叫“月亮”——“春江潮水连海平，海上明月共潮生”，这是写的海上的月亮；“明月松间照”，这是写山林松间的月亮；“江清月近人”，写江上的月亮；“月是故乡明”，写故乡的月亮……自然界就一个月亮，但唐代诗人每个人写的月亮，跟别的人写的月亮不一样。于是在我们文学艺术的天空上悬挂着无数轮光照千秋的月亮。你的作文要想脱颖而出，必须要跟别人的不一样。

我今天是坐车到这儿展场的，讲完课我就要离开扬州回南京。假如我们在古代，我要离开这个展场，扬州的一个老乡或朋友，说喝杯酒再走。喝一杯，再喝一杯。有人说这两个家伙喜欢喝酒。不是，古人替我们设计好了一个送别的场面——“劝君更尽一杯酒，西出阳关无故人”，离开咱们扬州，你再也见不到这么好的兄弟了，你喝一杯、再喝一杯，舍不得你走。一喝，晚上都没走了，而且还水包皮了，第二天早上又皮包水。正准备走的时候，又碰到一个热情的扬州朋友，你不是说你昨天走的吗？我昨天没走了，一个朋友喊我喝酒，说你离开这，找不到这么好的人了。你听他的？他那么忧伤干什么？干扰你的心情干什么？要高高兴兴的，你别听他的。门打开，你走吧。这仍然是古人为我们设计好的又一幅送别的场面——“莫愁前路无知己，天下谁人不识君”，你走，不要伤心，不要流眼泪，不要相见时难别亦难，天底下谁不认识你？都知道你的文章，你的人品。还有一种送别，哭哭啼啼的，你不要走——“执手相看泪眼，竟无语凝噎”。现在我真要乘船走了，到了码头，从瓜洲古渡走，上了船“再见，再见”。早上就在那“再见”了，一直到晚上还在那“再见”，是不是精神出了什么问题？不是。我们正按照古人给我们设计的场面送别——“孤帆远影碧空尽，唯见长江天际流”。

四种送别的方式。你会发现古代的人写送别，或以泪相送，或以话语相送，或以美酒相送，或以目光相送，方式不一样，但共通点是，以情相送。所以看经典作品，不能孤零零地看一个字、两个字，应统起来看。这些字不是没有声音，它是有声音的。诗词的传播方式是口口相传，以一种吟唱的方式出现的，它有声音，每个字都有生命。你要仔细地听，你聆听到了，你就会发现那个声音或高或低、或远或近、或粗或细、或深沉或激昂。那是我们历史的声音，先辈的声音，更是鲜活的声音。

为什么一直到今天，我们仍然看到古人，在那劝君更尽一杯酒。我们往历史的深处看，仿佛看到这样的一个情景，两个人从早晨开始你一杯我一杯地对饮，一直到了晚上，折柳相送，汽笛一声肠已断，我们从此再见。说再见容易，要再见就难。古时交通不便，一般都在驿站相逢，就此别过，不知下一处驿站在哪里。如果我们不看到这些，就无法深入到这些诗词的深处、作者心灵的深处。

再举个例子，我们古人是惜字如金，尤其诗词里面，每一个字都不得了的。但你会发现，诗词当中，常会出现一个字：“却”，“却道天凉好个秋”“却上心头”“却话巴山夜雨时”……怎么都有一个“却”？这是个什么词，是关联词语？但你想想，古人怎会那么随便用一个关联词在里面？而且你用我用大家都用，却没一个人说你这个“却”是抄袭他的呢？没有。为什么？因为这个字恰到好处。一字千金。我的意思是，当你说不清楚的时候，你最好不要说清楚。因为你已经说不清了。你如果用白话文把这个“却”翻译出来，1000个字够吗？10000个字够吗？可能都不够。这就是中国文化语言的魅力之一，说不清了我不说，我不说，一字千金，无穷无尽的意思，让你去体会，你能体会多少就是多少。随着年龄和阅历的增加，你对这个字的理解会越来越深刻，越来越丰富。

“黄河远上白云间”，这是一句唐诗，大家都知道，它好不好？当然好。为什么是“黄河远上白云间”，一提这个，你马上想到了另外一句诗“黄河入海流”，还想到了一句诗“黄河之水天上来，奔流到海不复回”。你马上也就明白了，这句诗出来，跟另外两句诗有区别。“黄河入海流”，是从这儿向下游看；“黄河之水天上来，奔流到海不复回”，是全流域地看；“黄河远上白云间”，是从这儿向上游看，视觉效果不同。但仅仅如此吗？“一切景语皆情语”，所有写景写的都是心情。那么这个“黄河远上白云间”，是什么心情呢？我们要联系历史看，唐代实行的是府兵制度。什么叫府兵制度？简而言之，就是二十岁当兵、六十岁回家，有人会说那不挺好，我高中一毕业就去当兵，回来的时候至少是师长、旅长，衣锦还乡。但晚唐的时候，人的平均寿命才四十来岁，兵荒马乱的岁月，很多人都提前去世了，活不到六十岁。也就是说有去无回。后来战乱不断，已经不是二十岁了，十六岁甚至年龄更小都上前线去了。我前面说过，你得要有足够的人去耕种、去生儿育女，兵荒马乱的年代青壮年都打仗去了，不可能来承担生孩子的任务。青壮年甚至少年都到前方当兵去了，把背影留给家乡，远去的背影像孤零零的草，不远千里万里来到了边疆。边疆有什么？有寂寞、寒冷、饥饿、疾病、死亡，天天想家。怎么想家？我的目光看着黄河水，希望黄河水能把我，至少能把我的思念带着向东，因为黄河流经中原，中原是我的家，我日日夜夜都想回去。但回去只是一个梦想，回不去了怎么办？与其每天看到“黄河东流去”让我心烦、心忧、心伤，还不如牙一咬脚一跺，我不向下游看了，我向上游看，于是便有了“黄河远上白云间”。人常有这样一种表现，特别想得到什么而又得不到的时候，就牙一咬脚一跺，我才不要、不稀罕呢，其实心里不知有多稀罕呢，就是这样的心情。所以这首诗，才有这样一个诗眼：“羌笛何须怨杨柳”里的“怨”字。一句诗能看得出当时的历史，看得出当时戍边将士的心情。

我一开始说，我们“骑鹤下扬州”。鹤洁白干净，延年益寿，坐在鹤背上，几多逍遥，浪漫，到扬州你只有骑鹤来，没有比骑鹤更好的工具了。还有，黄河之水天上来，黄河之水怎么是天上来？毕飞宇说，唐朝的黄河之水只有从天上来，一派大唐盛世、大唐神韵。还有什么比“黄河之水天上来”，更能够反映出唐代的一种气魄！这是毕飞宇听到的黄河的声音。

“君不见黄河之水天上来，奔流到海不复回。君不见，高堂明镜悲白发，朝如青丝暮成雪。人生得意须尽欢，莫使金樽空对月。天生我材必有用，千金散尽还复来。烹羊宰牛且为乐，会须一饮三百杯。岑夫子，丹丘生，将进酒，杯莫停。与君歌一曲，请君为我倾耳听。钟鼓馔玉不足贵，但愿长醉不复醒。古来圣贤皆寂寞，惟有饮者留其名。昔时陈王宴平乐，斗酒十千恣欢谑。主人何为言少钱，径须沽取对君酌。五花马，千金裘，呼儿将出换美酒，与尔同销万古愁。”当我们今天看这些经典诗文时，万不可孤零零地看一个字、两个字，或孤零零地看一首诗、一段文章。

每一个字其实都在诉说，每一句话都在诉说，每一个人也在诉说，历朝历代的人都在诉说，无法言尽。正是因为无法言尽，正是因为你有你听到的声音、我有我听到的声音，所以阅读是个人的事情。你透过那些文字，能看得出历史就离我们不远。

刚才说到曹操，看曹操喝酒喝的什么？对酒当歌，人生几何。曹操看海，又看到什么——

东临碣石，以观沧海。
水何澹澹，山岛竦峙。
树木丛生，百草丰茂。
秋风萧瑟，洪波涌起。
日月之行，若出其中。
星汉灿烂，若出其里。
幸甚至哉，歌以咏志。

曹操看海，看到的是日月星辰，江山社稷。

我为什么说诗是史？习近平总书记在江苏考察，讲到过范仲淹，讲到过岳阳，讲到过“先天下之忧而忧，后天下之乐而乐”，很多人不明白，这些跟湖南有关系，跟我们江苏有什么关系？他讲到江苏的文化时，专门讲到范仲淹的“先天下之忧而忧，后天下之乐而乐”跟江苏泰州的关系。“庆历四年春，滕子京谪守巴陵郡，越明年，政通人和，百废俱兴，乃重修岳阳楼，增其旧制，刻唐贤今人诗赋于其上，属予作文以记之。”这是《岳阳楼记》的序，里面提到一个人叫滕子京。滕子京和范仲淹在泰州同朝为官，这个人有两大特点：第一很能干，去了第二年，就政通人和，百废俱兴了。第二，他到哪儿都喜欢建亭台楼阁，有人参他，他不改旧习。所以被贬到谪守巴陵郡以后，他不建新楼了，他重修岳阳楼。这边在修楼，那边给他的同僚、好友范仲淹修书一封，说请你给我写篇文章。滕带了一幅画给范，意思是说你没到过这儿没关系，我带幅画让你看看洞庭湖的秋色，以便你写文章找到感觉。那时候交通不发达，信送到他手上，已经好多天了。范仲淹接到这个约稿信后，就写了《岳阳楼记》。这里面的“先天下之忧而忧，后天下之乐而乐”成了千古名句。范仲淹和滕子京先后在泰州为官，要早于《岳阳楼记》近二十年，范仲淹在泰州为官时讲过一句话叫“君子不独乐”，这当是“先天下之忧而忧，后天下之乐而乐”的前身。所以我们看这些文字，一定不能仅仅就字面上看，它是历史，它是社会，它是军事，它是风土，它是人情，是个人的情趣、情操、追求，它还是惺惺相惜、心心相印的结果。经典无言，它不会说话，它也用不着说话，但字里行间点点滴滴都在诉说。我们能不能听得到，那要看我们的造化，看我们的领悟，看我们的情怀、情操。

我说“骑鹤下扬州”。“鹤”在哪里？我们把书打开，就是一对翅膀，就能“骑鹤下扬州”，这个“鹤”就是我们的书。

储福金：在阅读中欣赏美

美有两种，一种是生活的美，一种是艺术的美。今天我讲的是“在阅读中欣赏美”。

其实艺术之美，是很难说清楚的。自古以来都有这么一句说法，叫做文艺无定论。就是每个人从他的阅读当中，欣赏到的那个艺术美，都是不一样。你比如讲，我们有的人喜欢看《红楼梦》，有的人喜欢看《三国》，看《西游记》，也有的人喜欢读金庸、古龙。是不是可以这样讲，每个人的个性不同，生活环境不同，文化素养不同，他所欣赏的美是不一样的。

我们来说说《红楼梦》。它是我最喜欢的一部作品，是我们中国文学的一个顶峰，但我在网上经常看到，有好多人说《红楼梦》有什么好看的？我们不能讲他说的就是错的，因为他可能真的无法欣赏《红楼梦》的美。

我们讲艺术的美，我的理解有两个层次。先说通俗的层次，我称之为通俗之美。今天来了好多年轻的朋友，应该会

储福金，江苏省作家协会副主席。出版长篇小说《黑白》《心之门》等十二部，中篇小说《人之度》等五十多篇，短篇小说《缝补》等百余篇。获中国作家协会1992年度庄重文文学奖、江苏省政府文学艺术奖、紫金山文学奖等。

喜欢看金庸的小说、古龙的小说，女孩子可能喜欢看琼瑶的小说。这一类作品应该说，是通俗文学，有人会把通俗文学，贬低成那种地摊上的文学，其实地摊上没有文学，地摊上的东西不存在艺术，没有艺术美。武侠小说，言情小说，放开来讲，包括政治小说、社会性小说，甚至我们喜欢看的很多电视剧，都可以认为是通俗文学。我半点没有贬低通俗文学的意思。通俗文学中，有它独特的艺术美。比如金庸的十四部长篇，我都看过，好几部我甚至都看了好几遍。闲暇之余，读一部通俗小说，非常轻松，你能感受到很多的东西在里面。中国有专门研究金庸的教授，被称之为“金学”，金庸的作品里有思想性的东西，特别是表现了中国的儒释道。

与通俗文学相对应的，还有一种叫做雅文学，也可以叫做严肃文学。通俗和雅的区别是，通俗的作品会被更多人接受，因为它不需要太高的文化层次，不需要太高的文学理解能力，不需要太多的思考。你可以简简单单就把它看下去，它有更多的故事性，更多的共鸣性。我们原先对美的理解，特别是对通俗文学的理解还是有些问题的，即我们觉得这部书好看，这部书故事性强，读者多，就认为这是一本好书。这不对。古代就曾经有过“阳春白雪，和者盖寡”的说法。阳春白雪是一个曲子，唱这个曲子的时候，下面和的人很少；而唱到下里巴人的时候，下面和的人就很多。通俗的歌曲，我们会唱的人很多；如果放交响乐的话，也就是阳春白雪这类的，下面听的人，喜欢的人未必就多了。所以说艺术的欣赏，对美的欣赏，不是以听众、观众、读者的多少来判断的。好的作品，未必有很多的人喜欢看。读《红楼梦》的人确实不多，文科的大学生都很少有人能把它全看完的，能够完全理解它里面的诗词，人物的穿着，习俗，包括各种生活场景的人是少之又少的。

我们现在常会听到有人说文学不景气了，文学衰败了，再也产生不了上世纪八十年代初那样一种旺盛的景象了，大家都去称颂一篇小说，称颂一首诗，这种场景现在的确没有了。但是我认为恰恰是我们对美的欣赏提高了。时代发展了，文学发生了很丰富的变化。记得上世纪八十年代初，蒋子龙写过一篇小说叫做《乔厂长上任记》，那时候我还在县文化馆里面，读了那篇小说非常之激动，小说居然能这样写，表现人物形象能这样生动，一个厂长面对那么多的事情，那么纠结，那么矛盾重重，他竟能一步一步大刀阔斧地把改革进行下去。这篇作品当时在国内产生了非常大的影响。

我曾经和蒋子龙曾经参加过一次活动，他当时受到读者的包围，绝对比现在的歌星、影星要多得多，现在我们再回头看那篇名噪一时的《乔厂长上任记》，发觉已看不下去了。为什么？因为那篇小说所表现的那个时代，所表现的社会，工厂里的情景跟现在完全不一样了。他的那种改革，现在看起来太简单了，再没有什么意义了。再看他那个作品，你再也没有共鸣的感觉了。而真正艺术的美它是具有经久性的，它是能够在你的内心积淀下来的，好的文学作品，它应当是超越时空的。

《红楼梦》多少年了，现在看照样是非常美的。唐诗宋词，时间就更长了，现在看，依然是美的。一部作品过了几十年，就不能看了，就不美了，那便称不上艺术。我相信金庸的小说再过几十年，甚至上百年，都会有人继续在看。真正美的通俗文学，也是能够长久的。而一些属于政治性的，或一个特定的时期能够打动人的作品，往往寿命是很短的。真正的文学，不管它是通俗文学，雅文学和纯文学，只要具有了那种艺术的美，才能够长久。

我们讲文学创作，创作是什么？创作是一种创造。既然是创造的，就是与众不同的，不是你写伤痕我也写伤痕，你写反思我也写反思，你写先锋我也写先锋，你写寻根我也寻根。大家都去写一类东西，那就一定通俗了。所有大作家大艺术家的作品，一定是独特的。是他自己的，是他个体的。没有任何一部作品跟《红楼梦》放在一起是相近的，就因为它是独特的，它有独特的对世界的理解，对文学的理解，对美的理解，又通过独特的艺术表现出来。这样的作品，我称之为纯文学。这类作品可能不会为普遍的读者所接受。西方的一些作品，像毕加索的画，印象派的画，很多人都接受不了。讲老实话，我也接受不了。美其实是一种接受，对美的欣赏也是需要培养的。毕加索的画，眼睛可以在这个地方，鼻子在那个地方。印象派先锋派的画，一片墨色涂在上面，根本弄不清它到底画的什么。刚才我已经讲过了，美是个体的，独特的，毕加索的画，鼻子在这里，眼睛在那里，第二个人也学他这样画，眼睛在这里，鼻子在那里，那就变成了一种通俗。只有进行了个体创造的时候，才具有独特性。第二个人就不行了，会让人觉得是模仿。

曾经有过一个戏，是讲潘金莲的。作者用了很奇特的手段。什么手段呢？在那个戏里头，打虎的武松跟他这个嫂子有了情感纠葛，武大郎和西门庆都进入了这种冲突中，戏当中鲁迅先生也出来了，有一番议论。一会儿这个作者又出来了，也有一番议论。这个形式，是完全现代的形式，古代的戏剧不可能用这种形式，一下子便有了一种创新。这部戏影响很大，但假如第二个人还用这个形式，我们就会觉得后来那一个是模仿的。

美的创造是什么？根本上讲，就是作家个体对社会、对人生、对世界、对宇宙，独特的理解和表现。我们看一部艺术作品，首先看它是不是和其它的作品不一样，是不是有人这么写过。我经常说电视剧就是通俗文学，你可以认真考察一下，一个时期的电视剧往往都是相近的，比如早几年《潜伏》出来后，一大批的作品全是这一类的。一度时期写三角恋爱，电视剧里头也全都三角恋。通俗文学没什么不好的。它能够对我们产生一个基本性的影响。但真正的好作品不是这个。第二要看什么？要看这个作家在这部作品中是不是表现了那种独特的人生和对人生独特的理解，有可能有的作家写得蛮独特的，但丰富程度不够。我现在看作品，第一眼看这部作品是不是和别人相近，和别人相近，我基本上就不看。第二看它能够达到哪种境界和层次。我举个例子。我最早喜欢的诗人，也称词人，是唐后主李煜。我最早的作品多多少少受到他的影响，写得非常写意，非常感伤。我喜欢的小说，比如日本的川端康成的。他是日本获诺贝尔文学奖的一位作家。川端康成有一篇小说叫《伊豆的歌女》，拍成电影叫《伊豆的舞女》。他的小说也是非常写意非常美的，被称为新感觉派。我曾经为了川端康成跟我一个好朋友争论过。他说他喜欢美国作家福克纳，福克纳写过《喧哗与骚动》，也得过诺贝尔文学奖。我们两个争得面红耳赤，我为川端康成说话，我认为美是没有高下之分的。他认为川端康成虽然写得也不错，但要比福克纳低一个层次。虽然我也很喜欢福克纳，但我认为川端康成一点不比他差。我们两个争得非常厉害，以至后来有人写文章还提到储福金某日和一位文坛高手争论这个问题。我至今还这样认为，福克纳的《喧哗与骚动》写得真的很好，川端康成的《雪国》，包括他的《伊豆的歌女》都写得非常之好。纯文学的这种区别是因人而异的。我们喜欢看的文学作品，往往和我们的个性我们的性格有关。比较细腻一点的，喜欢川端康成会多一点；豪放一点的喜欢福克纳要多一点，艺术的美是没有绝对标准的。但它们都是纯文学的作品。

真正文学作品的美，是能够超越时间和空间的。甚至是没有国界的。我们看马尔克斯的小说，看托尔斯泰的小说，卡夫卡的小说，它们是另外一个国家的作品，而我们照样能看。但我们有的作品如果拿到国外去看，人家就无法理解了。我举个例子。我们有的小说写厂长和书记闹矛盾，镇长和镇委书记闹矛盾，县长和县委书记闹矛盾，里头有冲突，冲突很大，一个是正派人物，一个是反派人物，往往反派人物代表腐败。这一类作品，你真要拿到国外去，国外的人就无法接受了，他们无法理解什么厂长和书记的矛盾。这样的小说我们看了挺有意思，因为我们接触到的生活当中常会有这种矛盾，但国外不存在这样的问题，它没有这些，因此会觉得很奇怪，这种美就无法欣赏。当然外国也有好多作品是要做注解的，福克纳谈到《圣经》的时候，也都需要注解。我们一般不看《圣经》的，不像西方的人好多都接受基督教，他们看，所以不用注释。那么，我们这两种不同的美是不是就隔绝了？也不对。《圣经》这个它可以做一个注解，我们的厂长书记怎么回事也可以做个注解，但我们的作品里这类东西可能多了点，什么承包呀责任制呀，还有些与此特定背景相关的语言表述呀，我们不停地做注解那外国人看什么呢？他看文学作品也希望能够接受。我讲美首先是一种接受，他要接受，但他看得非常之累，他得不停地看这个注解，那他还看得下去吗？

我们讲文学作品是从生活中来的，不要忘记了一点，它是高于生活的。艺术的美，有一个根本的能力，就是想象的能力。我不得不说中国的文学很多都缺少这种能力，缺少这种想象的美。莫言的作品得了诺贝尔文学奖，有人打电话给我，包括记者，让我谈一谈莫言。我以为莫言是一位大作家，他得诺贝尔文学奖当之无愧。为什么？因为莫言的想象力是当下中国作家尚无法与之相比的。莫言的想象力异常丰富。他的代表作、长篇小说《生死疲劳》，写一个人被枪毙了，到了阎王那里，一会儿投胎成了狗，一会儿投胎成了牛，一会儿投胎成了猪。他的另一篇小说《球状闪电》，写闪电像一个球一样到每个房间里头，在那里打滚。

可我们很多的文学作品太拘泥于生活了。你比如讲，目前写底层人生、底层生活的作品非常多，杂志上到处都是。作家应不应该表现底层生活？有人说得非常强硬，说你们作家现在都不关心底层生活了，你们的良心到哪去了？这种说法不是对美的理解，不是对艺术的理解。作家要不要关心底层？肯定是要关心的，但如果说底层生活大家都要去表现，所有的小说都要写底层生活，可以预见，你打开杂志来，便是一片灰蒙蒙的黑暗的色调。它合乎艺术美吗？当然想象也要跟生活相接触，不是说简单的想象就是好作品。郭敬明的小说里头有很多的想象，他的文字也非常美，但我以为郭敬明还是一位通俗文学作家。关键问题还是在于生活，就是艺术要有想象，但又必须从生活当中来。我有一次作为中国作家代表团的成员到韩国去访问，与莫言同行。莫言讲的是作家与土地的关系。莫言的演讲听来很简单，他讲了两个故事，一个是中国的神话故事，神话人物土行孙。作为姜子牙伐纣的一个先锋，经常被对方抓去，抓去了以后人家说“推出去砍了”，可刚刚推到帐外，他把身子一摇，人就不见了，他从地底下钻走了。当然，土行孙是一个想象中的人物，他只要接触到土地，马上就能走，你无法控制他，无法抓住他，无法砍他的头。莫言讲的第二个故事，是西方的希腊神话故事，神话人物叫安泰。安泰力大无穷，只要站在土地上，所有的凡人，包括所有的神都不是它的对手。为什么？因为安泰的母亲是大地之神，他只要站在土地上，他母亲就会给予他无穷的力量，所以没有人也没有神能打得过他。最后是对手把他投到空中，才消灭了他的。脱离了大地，他的力量就不够了。

莫言在他的获奖词当中也提到这两个问题，一个是他的想象力，还有一个就是土地，想象力是要跟生活连在一起的。很多通俗作家，包括郭敬明，他们有想象力，但无法与生活紧密地结合在一起。而莫言既有他的想象力，又能把那种想象力和他的高粱地联在一起，所以创造出了属于他的艺术的美。

《红楼梦》是非常具有想象力的，但曹雪芹又写得那么生活，那么具体，那么实在。真正好的艺术作品，是要和生活结合的。用中国禅宗的话来说就是：老僧初见山水，山是山，水是水；悟的时候，山不是山，水不是水；悟后，山依然是山，水依然是水。怎么讲呢？就是说我们一般的作品是就生活写生活，它的艺术层次是比较低的。而到了第二层次，它的想象力非常丰富，它把生活变得很奇特很怪。最入佳境的是第三层次，叫“山依然是山，水依然是水”，想象和生活已然融合在了一起。

如何从阅读当中欣赏美，就是要把我们的欣赏层次，从接受最简单的生活层面，提高到想象的层面，再从想象的层面还原到生活里来，而这样产生出的美，才是长久的，具有永恒性的。

肆

第四章
停下你匆匆的脚步，
请在这最美之处徜徉

—

2016 江苏十大最美书店

书是人类最宁静的心灵角落，书店则是通往这个角落的必经之路。曾有人认定书店必将消失。然而时间证明一切，书店里永远不会缺少爱书的人。不过，如今的书店已经不单单是书籍的销售场所，更日渐成为推广全民阅读的主阵地，各大城市的文化新坐标。

在江苏省新闻出版广电局发出《江苏省新闻出版广电局关于公布“2016 江苏最美书店”名单的通知》后，经过层层筛选和网友投票、名单公示，最终有 10 家书店被誉为“2016 江苏最美书店”。

这十家书店究竟美在哪里，让我们一起去看看吧！

—

特邀点评人：三石
原名张磊，出版营销专家、书店文化策划专家、书店空间设计专家。

2014 年创“三石·实体书店创新实践计划”项目，
帮助各省新华书店系统进行转型升级改造，
任项目总策划、总设计师，
成功策划中国最美欧式书店——“哈尔滨·果戈里书店”、
中国最美国门书店——“黑河·普希金书店”、
中国最美县级书店——“江苏阜宁书城”、
中国最美新华书店——“牡丹江书城”等。
他认为“最美书店”的标准应该是：
最美空间、最美品质、最美服务、最美体验、最美创意。

南京先锋书店永丰诗舍店

人，诗意地栖居

先锋书店的美，一直没让人失望过；先锋书店的美，需要安安静静不经意地发掘。位于南京五台山的先锋书店总店，需要左拐才能看到的斜坡，还有那个需要朋友提醒才会转身发现的十字架。

没想到，永丰诗社将这样的安静和不经意，藏得更深，静得更美。

去书店，事先查好了地图，顺着陵园路踱步而上，目光所及皆是清新翠绿，身边三三两两的人走得不快，都踩着湿漉漉的落叶轻快地呼吸。因为太放松，很容易错过路边的那个院落。院落里巨大的露天书架，构架像"中"字型的书架，暗指中山陵，四根斜向的钢构件连结加固形成的"W"的构图，又有着"书是知识的桥梁"的寓意。

再走几步，就到了书店，古朴、典雅，有着漂亮的木质圆形窗户和新鲜的花。

永丰诗舍
Yongfeng poetry homes

先鋒書店
LIBRAIRIE AVANT-GARDE

如果不仔细观察，你会以为永丰诗社就这么点大。但怎么会呢？经营面积只有300平米的它，却那么阔绰地拥有一个2500平方米的独立院落，将设计与自然、历史融为一体。院子里的露台，离森林那么近，你可以在此品茗，进行阅读，也可以走进代表了普希金、聂鲁达、博尔赫斯和茨维塔耶娃四位诗人的专属诗屋，老式的沙发、带铜喇叭的留声机、脚踏手风琴、老钢琴、老照片，还有诗人最经典的诗句点缀其中，让你仿佛能触碰到诗和诗人的灵魂。

三石点评

先锋书店永丰诗舍是国内首家以诗歌为主题的特色专题书店，“人，诗意地栖居”是他们的意象。书店空间的设计中，中国古典符号与民国范儿并存，很简约，图书的品种并不多，但策划的诗诵活动却极其丰富，有较强的社会影响力。去除尘嚣与浮躁，留给读者一片心灵净土，美即此地。

【指路】

营业时间：9:00-21:00

地址：玄武区中山陵风景区陵园路中山陵3号

交通方式：开车的朋友从中山门大街左拐进入陵园路，沿陵园路不需要拐弯，一直向上开车约四分钟，看到右边一排绿色栅栏以及一个大院子就到了；附近200米有停车场，15元/次。

不开车的朋友坐地铁二号线到苜蓿园站下车，到地面后找到附近的明孝陵停车场，乘坐旅游专一线约三分钟，到中山陵西站下车，即到；或在二号线下马坊站下车，乘坐旅游专二线也可到达。

江苏大众书局南京水游城店

旅行者的城市驿站

暂离嘈杂的人群、喧嚣的汽车，一本书，一杯咖啡，体会安逸、简单，恬静与淡然。

从没想过，会这样形容一家位于闹市区繁华商场里的书店，但很奇妙的，大众书局水游城店确实是这样的品读之所。从热热闹闹的水游城一楼走上扶梯，到了4楼，在各种儿童用品商铺的环绕中，木质的书店外墙看起来既特别又和谐。

作为江苏省内首家旅行主题书店，一眼就会发现，那条悬挂在空中的巨大铁轨。铁轨的左边，是很多张木质小桌和沙发，一张桌，一盏灯，软软的靠垫，暖暖的咖啡。窗外淅沥沥的雨下着，滴滴答答，却成了看书人最好的伴读声。铁轨的右下方，是一个个小房间，房间里是书架。像火车会路过的站台一样，每个小房间都有着自己的站名，巴黎、台北、纽约、伦敦……还有随处可见的邮筒、电话亭、明信片，仿佛在告诉人们：人生本来就是一场奇幻的旅行，永远不会停下脚步。

三石点评

大众书局水游城书店为旅行主题书店，概念鲜明，设计风格紧扣旅游主题，别致且自然，场景感丰富但不失阅读感，旅游元素及暖色光源的运用既怀旧又温柔，恰到好处。

【指路】

营业时间 :10:00-22:00

地址 : 南京市秦淮区健康路 1 号水游城 4 楼

交通方式 : 地铁 1 号线三山街站，地铁 3 号线夫子庙站

公交车 4、7、37、166、40、100、1 路等，三山街站下。

TELEPHONE

江宁新华书店同曦瑞都店

爱猫者的天堂

有些人来这里并不是为了买书，只是想与柔软撒娇的猫咪玩耍，可玩着玩着，猫咪安静了，书也看入迷了；有些人来这里并不是为了逗猫，拿本书坐下来看，一抬头，发现书桌旁的玻璃那边有只肥猫，正看着你，你不由伸了伸懒腰，打了个哈欠。这就是猫咪的力量，让阅读空间充满了治愈系正能量，它因此而被南京读者昵称为“猫咪书店”。

从空间上，书店分为三个区域：图书阅读区、猫咪咖啡区和多肉植物区。猫咪温顺、粘人；图书注重人文特质、女性群体；绿色植物可以观赏，更可以 DIY 制作微型盆景。书是美的，绿植是美的，猫咪更是美的。

三石点评

“猫咪书店”不仅是阅读者的天地，更是爱猫者的天堂，猫之柔美奠定了书店之美的基础。

【指路】

营业时间：10:00-22:00

地址：南京市江宁区双龙大道1222号南京同曦瑞都购物广场三楼A321新华书店

交通方式：地铁一号线胜太路站3号出口。公交可乘坐808、768、815路，胜太路站下；乘坐820、811、805路，胜太中路下。

新华书店
喵星球之旅
猫咪书店
你可以不爱它
但请别伤害它

攻克
超级便秘

阜宁新华书店阜宁书城

手捧书卷，古树凉亭

舒缓的音乐，柔和的灯光，馥郁的咖啡……读者在古树下、凉亭里、音乐中，或手捧书卷，或轻声吟诵，享受阅读的美好时光。

儿童阅读体验区，展示着蓝天白云，成为小朋友们的最爱；艺文展演空间，令读者充分展示自我，张扬生活；文化沙龙空间，可供你放飞梦想，愉悦身心；个性文化创意产品区，为追求个性的年轻人提供舞台；咖啡饮料品味驿站，给读者带来了美好和甜蜜。

一座古典的六角亭引起我们的注意，这是仿该县著名的“庙湾古城”的亭子而建，独具匠心的文化创意获得了不少读者“点赞”。“书城的转型升级，并不是简单的店堂更新装修，而是打破以往‘书店卖场’的概念，创新实体书店业态，让书城成为体验文化的空间、市民的精神驿站。”阜宁新华书店有限责任公司执行董事、经理刘春表示，让阅读成为一种生活方式，使得这里成了当地重要的文化地标。

三石点评

阜宁书城，国内首家古典园林式书店，以“精神凉亭”为寓意的古典六角亭，葱茏劲秀的古树，为读者提供了具有地域特征且场景感极佳的阅读文化空间，让当地读者有较强的文化归属感和阅读感。1000平米的空间、两层钢结构阅读走廊、小型阅读文化舞台、台阶状儿童情景式阅读区、围书架而设的几十张阅读桌椅，为读者提供了舒适的阅读空间。

【指路】

营业时间：上午 9:00－21:30

地址：阜宁县阜城大街 61 号

交通方式：公交车 1 路、3 路等人民商场站下。

阜寧書城
热烈祝贺阜宁书城盛装启幕

凤凰苏州书城

纯净的城市图书馆

走进书店，眼前一个个时尚的暖白色金属烤漆书架和摆放得琳琅满目的书籍，配上柔和的灯光，舒缓的音乐，很有“文艺范”，让人仿佛置身一处纯净的城市图书馆。儿童书籍则摆放在纯实木制成的书桌上，书桌高度按儿童身高设计。工作人员介绍，他们特意请专家进行了论证，最终确定了现在的光照强度。

区别于一般书店以人文、社科、旅游、摄影等类别进行分类的方法，凤凰苏州书城采用全新的图书分类及布局，设立了亲子书店、人文书店、生活书店、青春书店等14个主题书店，1个数字出版馆。图书种类达十多万种、数十万册。

印象中，书店里总有不少席地而坐、只看不买的“书迷”，让书店老板颇觉头疼。而凤凰书城却反其道而行之，书城内设有充分的个性化阅读空间：阅读小屋、十米长桌……为读者提供了“慢阅读”的舒适空间。

三石点评

苏州地区最大体量的现代国营书店，空间设计与文化营销围绕当地书香文化体系建设，引导读者感受阅读魅力之时，努力承担公共文化服务职能，被网络评为“新苏州十大美丽去处”。

【指路】

营业时间：

周一－周四 10:00-21:30

周五－周日 10:00-22:00

地址：苏州工业园区苏州大道西 158 号凤凰广场 3F-5F

交通方式：

自驾道路：东环高架（东环路）－苏州大道西－苏绣路（苏惠路）－星都街－苏州大道西。

公交线路：160 路，星都街公交站下，下车后沿星都街向南行走 160 米，左转进入苏州大道西，再沿苏州大道西向东走 130 米，即达。

地铁线路：1 号线到星海广场站下，1 号、4 号出口，出站后沿苏州大道西向西行走约 290 米，即达。

The Lost Weekend
The King And I
Rebecca
世说新语
1850 Treasure Island
1943金锁记
Ben-Hur
ROMEO and Juliet
骆驼祥子
Wuthering Heights
1340 楚辞
子夜
Uncle Tom's Cabin
Harriet Beecher Stowe
Lifeboat
The Good Earth
1993 白鹿原
Pride and Prejudice
1867 Madame Curie
朝花夕拾

徐州新华书店铜山分公司八斗书店

假日 24 小时概念书店

徐州是江苏最古老的城市之一,“山水相依,南秀北雄”,文化底蕴深厚,秉地域风土之优,融上古众家之长,开汉朝文化之先。书店,则是一个城市生活方式的体现,人文风景的缩影。

八斗书店地处闹中取静的铜山新区学苑路,是凤凰新华旗下徐州首家假日 24 小时概念书店,将主业图书与咖啡、西点、文创产品、社群活动等创新业态打造糅合,不眠的灯光陪护守夜读者,让更多的人从知识中汲取力量。

三石点评

24 小时书店的开设,本身就是对城市阅读的推广与职责的坚持,书店设计风格简约,重阅读空间的提供。走进校园、走进部队等图书流动销售，拓展了图书传播渠道，书店借书模式则补充了图书馆之网点不足，充分体现了新华系统的社会文化服务功能。

【指路】

营业时间：10:00—24:00

地址：徐州市铜山新区学苑路5号铜山中学斜对面

交通方式：公交车36路、19路、游2，铜山中学站下，向西300米，即达。

八斗书店
BA DOU BOOKSTORE
烊的阅读空间
八斗书店

苏州自在复合书店

为都市夜读人停驻

在这里，人文图书与美学衍生品相结合，开辟宁静的阅读空间。

自在复合书店位于苏州园区凤凰广场 2F，经营面积为 1300 平米，是凤凰传媒旗下凤凰苏州书城所属书店品牌。作为苏州首家“24 小时书店”，通过打造“深夜书房”，为苏州“夜生活”一族增添一处独特的文化场所。跨界合作、绿色升级、24 小时营业、优质产品组合这些中心词，构成了自在复合的特色。而尊重每一个读者的想法，为都市夜读人停驻，尽享人文之美，则是自在复合书店的特色所在。

三石点评

环境自在，功能自在，整体风格与书店气质将生活美学与阅读文化紧密结合，较好体现了书店“慢生活、深阅读”的运营理念。

【指路】

营业时间：

周一至周四 10:00－21:30

周五周六及节假日 24 小时营业

地址：苏州工业园区苏州大道西 158 号凤凰广场 2 楼

交通方式：

地铁：轨道交通 1 号线星海广场站 4 号出口往西 100 米

公交：师惠坊站（4 路、518 路、146 路）；

中央公园北站（818 路、307 路、178 路、814 路）；

都市花园南站（178 路、307 路、818 路、814 路）；

星海生活广场站（4 路）均达。

自在
zizai
复合书店
书籍
杂志
咖啡
文创
生活
美学

镇江博世图书悦读空间概念书店

家庭氛围，悦读空间

阅读与悦读，不只是一字之差，而是一种态度的转变。镇江博世在书店环境的创设中，提出了“生活化阅读”的理念，即从环境的角度创设出家庭的氛围，打造舒适、温馨的阅读空间，淡化书店的商业气息。一杯香浓的咖啡、一本书，可以陪伴我们一个下午。

三石点评

提出“悦读空间”概念，追求轻松阅读体验，分享阅读之美。

【指路】

营业时间：8:30－21:00

地址：镇江市梦溪路50-10号外国语学校北侧

交通方式：公交车至梦溪路站下，向北行100米，或花山广场站下，向南行50米，即到。

收银台
CASHIER

书香生活理想国

万丈红尘外，山水蕴中观。一本书，一盏茶，一炉香，一段清幽韶光。阅读，听风，眺山，观水，赏器；长江边上，狼山脚下，园博园中，一个融人文书香、文创休闲与自然环境三位一体的新形态书店。

三石点评

较好体现中国“书院文化”的一个阅读空间，书香园林格局引导“情境阅读”，成为读书人眼中的静雅天地。自然本真、古典环境与人文书香构建醇和之美。

【指路】

营业时间：上午 10:00－下午 18:00

地址：南通市临港路 18 号园博园内

交通方式：由园博园东南门进，有缆车处即中观书院。

中觀
書院
ZHONGGUAN SHU YUAN

电影之美尽在其中

拥有中国最全的电影主题图书3万册，各国电影主题杂志近千册，各国电影海报剪报近万张。将电影书籍做了细分，类别如下：1.导演系列、2.演员系列、3.国家系列、4.时代系列、5.奖项与电影节、6.类型片、7.技术、8.文学与剧本、9.影评、10.中国、11.研究与教育、12.杂志与剪报。

这家中国最美最专业的电影主题书店，位于无锡市滨湖区，由原无锡老钢铁厂厂房改造，总面积800多平米，采用了大量电影主题的设计元素，结合了剧院、影院的特点，其经典电影海报长廊、场记板形式的留言板、剪报墙等均给到访者留下深刻印象。

三石点评

如此“艺文空间”不仅仅向读者展示了电影之美，也充分体现了经营者的专业之美。

【指路】

营业时间：

周二—周四　10:00-21:00

周五—周六　10:00-22:00

周日　10:00 — 21:00

周一　休息

地址：江苏省无锡市滨湖区蠡湖大道2001号国家数字电影产业园C-11那美

交通方式：地铁1号线长广溪站下，2号出口，左转约100米，即达。

（本章撰稿：郑文静、何洁、姜振军、杨先锋）

那美

No entertainment is so cheap as reading,
nor any pleasure so lasting!

伍

第五章

好书有好评，书展以外的另一道风景

—

第六届江苏书展7月8日-12日在扬州举行期间，书香江苏在线网站与现代快报联袂举办了书展书评大赛。众多读者投稿参与。从筛选出的优秀参赛作品中评选出了16篇获奖之作。荣获一等奖的是一位来自扬州翠岗中学的初二女生刘姝彤，才14岁，可她写出的《试评“临川四梦”》却老到大气，赢得七位专家评委的一致好评。

让我们一睹这些获得不同奖项的书评的风采——

—

试评『临川四梦』

刘姝彤

丙申猴年，为记广陵书展，清远道人四百诞，执笔书“临川四梦”书评。

三毛说：“梦里花落知多少。”梦总是最纯粹的，因为它是人们在喧嚣闹市中为保留初心而特地保留的一块净土。

相似何在 · 种情似此《紫钗记》

《紫钗记》源于唐传奇《霍小玉传》。书中围绕“紫钗”讲述李益与霍小玉之间的离合之爱。汤显祖是个向往纯洁忠贞爱情的人，便把《霍小玉传》中负心乔样的李益写成一位“万千相思，只为小玉所倾”的李君虞。第二十四出《婉拒强婚》中，韦夏卿这样评论他：“当初李十郎花灯之下，看上郑家小玉姐，拾钗订盟，拈香发誓，拟待双眠双起，必须同死同生。”世间男子，若皆如此般矢志不渝，又怎会有杜十娘怒沉百宝箱的千古遗恨？

《紫钗记》的语言浮华精美，是字斟句酌的椟中之珠，有李清照的伤春悲秋，如【桂枝香】：减香温一半，减温香一半，洞房轻叹，影阑珊，几般儿夜色无人玩，着甚秋光不耐看。还有李后主的铁汉柔情，如【金珑璁】：泥香燕子柔，水碧鸦娇皱，一阵花雨湿春愁。亦有陆放翁的血气方刚，如【锁窗寒】：倚风尘万里中原，大将登坛尺五天，孟门关外，少华峰前。

王思任说："《紫钗记》，侠也。"何为侠？在一些武侠小说里，"侠"的使用率极高，且这些书也很好地诠释了"侠"的意义。金庸的"射雕三部曲"中，总主角非郭靖莫属，郭靖后被称为五绝中的"北侠"，他诠释了"侠"的第一层含义："正直"。正直是人性纯真的表现，正直是决定忠奸的天平。郭靖正直，所以为侠，相反，杨康不正直，所以为奸。有了正直，就可"路见不平，拔刀相助"，有了正直，就有"救人救彻"的豪迈。所以正直是"侠"所必备的最基本的素质。既有北侠，那就也有"南侠"，何人为南侠，展熊飞也。在《三侠五义》中，展昭诠释了"侠"的第二层含义，就是"实力"。实力是不可或缺的。展昭被人尊敬，不仅因为重仁重义，还因为实力之高，不然，如何剿尽天下鼠辈？实力也是"侠"所必备的素质。一般的侠，只需要达到这两点即可，因为第三条，非普通侠可以做到，那便是"无我"的境界。在我的印象中，做到这一点的似乎只有剑圣宫本武藏和马上提到的黄衫客。宫本武藏，不仅是剑客，还是禅师，他的内心毫无牵挂，只有为如何帮助他人而产生的烦恼，不管生死，别人开心便好，自己也会开心，为别人活出最善良的自己。

古今中外的百姓，都推崇"侠"，都向往"侠"，因为他们所信仰的儒释道仅是精神上的解脱，但在物质生活上，起不了太大作用。

于是，便有了侠。

但是，侠的存在是被法律约束的。法律不可能因为侠的存在便任其剐杀恶人，也不能因为侠的存在而随意破坏应有的秩序，所以作家笔下的“侠”总是最自由的。汤显祖的《紫钗记》中就有这样一位“侠”，黄衫客。本素昧平生，只因花前一刹那的感动，就两肋插刀，力保紫玉钗之缘，这不是侠，又是何物？

《紫钗记》最后一句为：“一般才子会诗篇，难遇的是知音眷侣，也只为豪士埋名万古传。”此句，总结了《紫钗记》的全部思想，向我们展示了人们对美好爱情的向往，对科举功名的狂热追求，大户人家的恃强凌弱，以及百姓心中的自由梦。

三生牡丹 · 莫负相思《牡丹亭》

悠悠昆山腔，最有特色的一段就是《牡丹亭》的《游园惊梦》。因为这两段曲谱将春与情描写得最为奇绝。

我所看到的最早的修辞手法定义是夏丏尊在《国文百八课》中提出。而汤显祖在那个没有完整修辞体系的文学时代中已经熟练地运用这些技巧，如“因春去的忙，要把春愁漾”“袅晴丝吹来闲庭院，摇漾春如线”“遍青山啼红了杜鹃”墨香四溢，恍若身处其中。

如此美艳的描写，若无波折的故事，也只能是无点睛神韵之龙，无油盐酱醋之食，说白了，就是没有灵魂。

但汤显祖并没有让这一情况发生在《牡丹亭》中，从阴世到阳间，从秀才到状元，各具情态。

若《紫钗记》为侠，那《牡丹亭》就是鬼了。

《牡丹亭》中，作者是花了些许笔墨描写鬼神阴间，可这不似人们传统观念的那样可怕，取而代之的是三分正经、七分可爱。判官让爱唱歌的赵大做莺莺小姐，做小房的钱十五做小小燕儿，使花粉钱的孙心做个蝴蝶儿，好男风的李侯做屁窟里长针的蜜蜂儿，当杜丽娘上来时，小鬼还对他说："判爷，权收做个后房夫人。"好个胡乱筛的小鬼头！当丽娘对判官说明死因时，判官还说："谎也！"但后来，判官还是让她还阳。

再来想想鬼神之说。鬼神自从黄帝之时就已经被人们供奉。当人们遇到难以解释、难以解决的事或问题时，就把这一切产生的原因归结到鬼神身上，这个在《山海经》上也有明确记载。至今，这种思想还被一些人所信奉。这时，有人会问："都有侠了，为什么还要信奉鬼神呢？"那是统治者需要一种能安抚人心的思想，而不是侠这种叛逆思想。

鬼也是有等级的，第一级是像酒吞童子这样生前怀恨而死，成鬼后毫无感情，遇人便杀，因为心中没有爱，行为自然也就无情了。第二级，是像蛇骨婆这样不会滥杀无辜，她们往往是因为自己最重要的人被杀害后郁郁而终，她们的内心是脆弱且柔软的，她们杀人是有底线与选择的，可能是心中还尚存星星点点的爱。第三级则是极少数的像座敷童子一样的鬼，因为怀着一腔爱而惆怅离世，她们不会伤人，反倒与人为伴，与人为友。可见，爱，不仅可以改变人，也可以改变鬼！

《牡丹亭》的爱情故事着实让人心醉，有力地体现了人们对理想和公正爱情的向往，当杜丽娘的爱情被爹阻止时，当柳梦梅的痴情换来未来丈人的吊打时，谁来挽救这对苦命的鸳鸯？是朝廷。朝廷让人心冷，但又在最紧要的时候帮助别人，这不是一个天大的矛盾吗？当然不是，因为这个"人"是有要求的，如若柳梦梅没中状元，只是个岭南秀才，皇帝会管吗？答案肯定是不会，所以可以这样认为，拯救柳梦梅和杜丽娘爱情的，不是朝廷，而是柳梦梅自己的才华。

《牡丹亭》唱谱的末句可算是完美收官："做鬼的有情谁似咱"。所以《牡丹亭》从原来的悲剧变成了喜剧。有情之鬼终成鸳鸯，算得上是最美好的结局了。

"人有病，天知否？"真正懂人心的，怕是只有鬼了。

契玄残经 · 东风吹梦《南柯记》

在扬州八怪纪念馆门口，有棵千年古槐，传说是南柯一梦的淳于棼倚靠的槐树，世人可知那树上的无情蚁，也关情。

《南柯记》讲的是一个俗人的解脱，取材于《南柯太守传》写淳于棼梦为大槐安国驸马，经历荣华富贵、官场浮沉后发觉，一切仅为蚁穴梦境，于是看破世情，遂入沙门。

那么，《南柯记》便是佛了。

书中，汤显祖处处用着禅意的词句，清描淡画那闲适的时节，如第二出《侠概》里的【急板令】：送江归暮秋，送江归暮秋，举眼天长，桃叶孤舟，去了旋来，有话难周。但《南柯记》中也有奢华的语言，什么"迎鸾镇头""蔷薇玉沟""窈窕深闺晚"虽单个罗列让人拍手称好，但一堆这样的语言，难免让人大跌眼镜。第一次遇着时，还道是作者有些风花雪月之意，后来才知道，这是作者故意的。在这些个浮华的唱词中，蓦地聊上几句桑麻，恍若丽娘"独立小庭深院"，从字里行间透露出阵阵空灵之感，给人耳目一新的感觉，让人真切地体会到"人生有味是清欢"的真谛。所以，汤显祖是个天才，是个会设计的天才。

《南柯记》的主人公淳于棼是个梦中人，也是个俗人，只晓得过好当下便罢，而契云，是梦外人，他似乎有着能控制别人思想的法术。当淳于棼的亲情、爱情、忠情全部破碎时，他别无选择，也许，拥有信仰是唯一能使他内心澄明的方法，因为，他成不了侠，也成不了鬼。

成侠，是需要武功的，他的斗志，早已被磨灭殆尽，只剩下一具空虚的皮囊；成鬼，是需要勇气的，他已失去太多，生命是他仅剩的宝物，他不愿失去。这样，便只能成佛了。

我认为，表面上，汤显祖把淳于棼的信仰叫做“佛”，但事实上，那只不过是披着宗教外套的朝廷。那么，故事就很有意思了。淳于棼被朝廷耍得团团转，失去了全部，最后反而对朝廷服服帖帖，用流行语来说，颇有些“朝廷虐我千百遍，我待朝廷如初恋”的感觉。这就是淳于棼的固执，也是汤显祖的固执。

汤显祖考进士时，被首辅张居正看中，但汤显祖拒绝与张居正合作，所以两次落第。张居正死后，张四维、申时行以高官厚禄为交换条件拉拢汤显祖，但汤显祖依旧“任性”地回绝，以至于他三十四岁时才以极低的名次考中进士。做官后的他，亲眼目睹了官场的黑暗，政治的腐败，罢官归故，双袖清风挥洒。

汤显祖是不爱官职吗？是不追求功名吗？不是，他想用最正规的方式当官，且仅仅是考进士，他就考了十三年。但是，面对这让百姓、君子心死的朝廷，汤显祖也只能死心了。

所以《南柯记》应是一部优秀的讽刺话剧，它将朝廷的昏庸、无能，官员的丑恶嘴脸，全部用百姓心中最神圣不可犯的事物代替，然后再写一个无辜人的不幸遭遇加重讽刺。然而，这也是《南柯记》流传万古的原因，写尽人间冷暖，兴亡之哀，唱出淳于棼的苦，从而引起百姓心中的共鸣，正如末句所说："长梦不多时，短梦无碑记，普天下梦南柯人似蚁。"

每个人，在自己所信仰，坚持的东西面前，就是一只蚂蚁，像淳于棼一样，哪怕是心死，也不愿放下。这是每个人都不可避免的。

百日（歹坐）西·梦醒黄粱《邯郸记》

"黄粱一梦"既是最长的梦，也是最短的梦，长在一梦一生，短在梦醒之时，黄粱米还未熟。

《邯郸记》取材于唐传奇《枕中记》，讲的是卢生在酒店遇吕洞宾，抱怨自己命不好，吕洞宾便给他个磁枕入睡。卢生梦见自己得如花美眷，抢中唐家状元，开三百里河路，打一千里边关。被贬岭南，年兄辩救，依拜首相，王侯亲戚，恩荫子孙，五十仕宦，八十年终。梦醒后，还念念不忘，还想着回去，吕洞宾一语破天机："妄想游魂，参成世界。"有了妄想痴心，才有了梦境佳遇，这也证实了"日有所思，夜有所梦"的道理。

《邯郸记》是仙。

仙是有特殊能力，可以永生的人，在中国的古典名著中，也时常有仙的身影，比如《封神演义》《西游记》之类。然而仙的最主要来源，还是道教。

仙寄托了人对永生的向往，秦始皇就是这样，为求长生不死药，不惜一切代价，但最终还是失败了。但卢生却从来没有想过要成仙，仅仅是想解脱罢了，却被吕洞宾超度了，这不是个很有趣的现象吗？所以，成仙的就是随缘自适。内心澄明了，虽是人的外表，但心已是仙，这就比其他人多一份灵气，多一份自然，就不会做一些极端的事。

可是《邯郸记》里的仙，不只这么简单的意思。

这里的仙，比《南柯记》的佛更有讽刺意义。

卢生成仙的前提是，他认为自己失去了一切，他认为什么都改变不了他潦倒的命运，突然，遇到这么一个伟大的人，是他一生的福分，也是他一生的运气，所以，义无返顾地成仙入道。然而，汤显祖也十分怜惜地给了他一个完美的结局。

因为卢生，已经是最大的悲剧了。

在《邯郸记》中，给我印象最深的一段，就是卢生刚刚从梦中惊醒，看见自己在小酒店，问小二："你是崔家院公吗？"小二说："甚么崔家院公，赵州桥店小二，煮黄粱饭你吃哩。"卢生又问："是哩，饭熟了么？"小二道："还饶一把火儿。"可见，卢生还不如一个店小二清醒，荣华富贵早已腐蚀了他的心。但他也不是很可怜吗？自己叹息："似黄粱，浮生稊米，都付与滚锅汤。"血气方刚，也似淳于棼一样，灰飞烟灭。

汤显祖在《邯郸记》的题词中，说了这样一段话："梦死可醒，真死何及……既云影迹，何荣历然。岸谷沧桑，亦岂长醒之物耶？"的确，在梦中，死了梦是可以醒的，但是如果梦是真的，那这一辈子不就完了吗？卢生的出家，是因为所有美好的破灭，在最后一出【合仙】里，众仙把卢生对美好事物的向往看成是"痴"，不断地数落他"你个痴人"，我认为，可以把这理解为汤显祖心里的怨恨。

卢生是整个故事的主人翁，汤显祖通过卢生的行为，生动地表现出朝廷的丑恶，甚至可以说，朝廷立下的，表面上说是绝对公平的东西，也失去了本来的意义。正如古龙在《陆小凤传奇》里写下的："世界上有什么东西是绝对的呢？"原本是有的，但因为道德的低下，这些绝对公平的东西被人为地篡改，造成一发不可收拾的局面，自然就没有绝对的真理了。

"临川四梦"，结合了侠、鬼、佛、仙，来表达汤显祖内心的愤恨、苦衷，算是戏曲版的《诉衷情》，它们表现了朝廷的昏庸、黑暗，但同时也写出百姓被鱼肉后的绝望，以及迂腐，可以说是作者用最真实的语言、最纯洁的生命怒吼出的悲哀。

品园
陈从周 著
东方文化，当于园林求之。
品赏中国园林的必读经典
不能品园，不能游园。不能游园，不能造园。
——陈从周

揚州城池變遷
扬州市政协文史和学习委员会
王虎华 主编
南京师范大学出版社

草木缘情
中国古典文学中的植物世界
潘富俊 著
第二版
商务印书馆
The Commercial Press

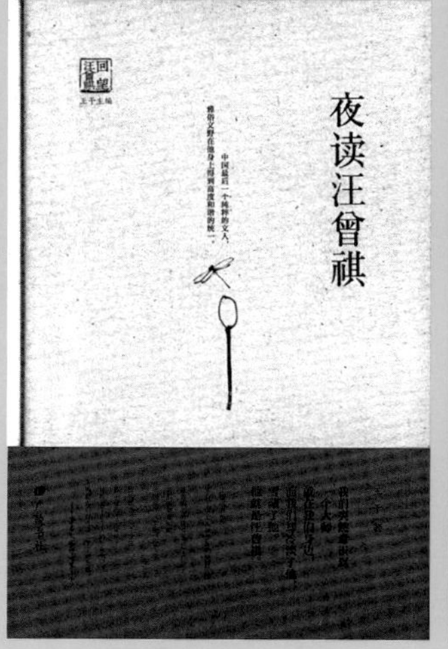
夜读汪曾祺

爱与孤独
琦君

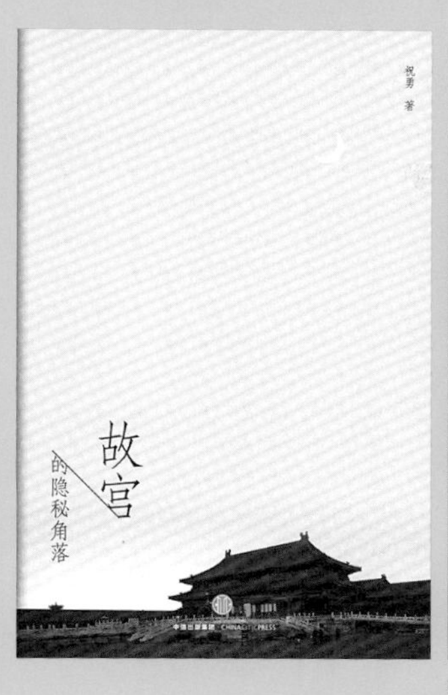
祝勇 著
故宫
的隐秘角落
中国出版集团 CHINA PRESS

城市文化丛书
二十四橋明月夜
韦明铧 著

每一棵草
都会开花
丁立梅 著
芸芸众生，
都如小草似的，
每个人都会活出属于自己的美丽！
金城出版社

怡情书吧
红楼梦诗词
中华书局

爱你就像爱生命
王小波
20世纪
中国文坛
最美的收获
沈从文
小说选
上

寄情山水，天人合一

育邦

在日益以钢筋水泥构筑的城市面貌中，人和自然相隔越来越远。而留存在都市中不多的古典园林把繁忙的人们拉回到自己原初的心灵故乡。如有诗言：云无心以出岫，鸟倦飞而知返。

再也没有什么事物能像古典园林一样和诗歌形成共鸣了。正如陈从周先生言：“‘曲径通幽处，禅房花木深’，诗境也；‘梦后楼台高锁，酒醒帘幕低垂’，词境也；‘枯藤老树昏鸦，小桥流水人家’，曲境也。”按照现代人观念看来，这些园林正是诗歌凝固在土地上的形象，同时诗歌也不过是这些精致园林的纸上表达而已。在精神和物质层面上，它们形成了互为关系。

建私家园林者，都为一些文人墨客，他们试图通过寄情山水来实现“天人合一”的理想，试图实现一定意义上的隐逸。这种诗人情怀既美好无限，又留下了他们逃避尖锐现实的证据。

江苏一带，自明清以降，兴建私家园林者不可胜数，今多已凋敝不存。园林学家童寯在20世纪30年代即著书《江南园林志》，先生慨叹江南园林蔚兴蓬勃突然，“而其衰灭，亦有如转瞬”。

苏州同里人计无否（计成），一直视自己为诗人，虽没有留下多少杰出的诗篇，却写出了《园冶》——一部以诗人情怀、诗人目光、诗人语言来谈论造园的书。我以为他在为后世建造园林立下了诗歌一样的高标准。他要求所造之园“虽由人作，宛自天开”，这是一个多么精妙的表达啊！

今江苏有名园林多居于苏州，有网师园、沧浪亭、拙政园、狮子林、留园、耦园，以及同里的退思园等，如今已入选“世界文化遗产名录”，也许这是全世界与诗歌最有血亲关系的文化遗产了。扬州自古繁华，今有瘦西湖、何园、个园、大明寺等著名园林景观。无锡紧依美丽太湖，亦有名园蠡园、寄畅园传世。南京有清名园袁枚之随园（传说在今南京师范大学一带），今不存。北宋时著名诗人王安石之半山园尚存，还有瞻园、刘家花园等。另泰州、镇江、常熟、太仓等地有零星园林。

我以为，能从文学上给予园林通透明晰表达的，最好的作者非陈从周先生莫属了。陈从周先生首先是一个地地道道的中国文化人，其次才是人们所熟知的园林学家、园林建造大师。建筑大师贝聿铭称其为“一代园林艺术宗师”，实不为过！

青少年时代，从周先生师承夏承焘先生学习诗词；作为张大千的入室弟子，专攻山水人物花卉，1948年，在上海首开个人画展，以“一丝柳，一寸柔情”的诗情画意引起画坛的瞩目；他研究与自己有点姻亲关系的徐志摩，并于1949年发表处女作《徐志摩年谱》，已成为当今研究徐志摩和中国现代文学史的宝贵资料。少年时代起，先生就喜欢侍花弄草、叠石理水，为他日后专攻园林植下一颗美好的种子。1950年，先生任苏州美术专科学校副教授，教授中国美术史，结识古建筑领域顶尖专家刘敦桢教授，真正开始了他的园林生涯。

我十几年前就看过陈从周先生的一本小书，名为《梓翁说园》，是“大家小书”书系中的一种，当时就甚为喜欢，反复揣摩，经先生之说的恩惠，也窃喜不已，似乎初窥园林之妙。某年，机缘殊胜，在家边的地摊上花了五块钱，买到一本《说园》（《同济大学学报》油印本，非正规出版物），全书竟然都是陈从周先生隽秀俊逸的书法抄本。后来，我把此书送给了建筑设计师陈卫新先生，他自是欢喜万分。我亦高兴，真是送人玫瑰，手留余香。

现在我手头的这部《品园》（江苏凤凰文艺出版社2016年4月版），除收录陈从周先生经典文章《说园》之外，还选编了《有法无式格自高》《园林清议》《贫女巧梳头——谈中国园林》《中国诗文与中国园林艺术》等名篇，读之如坐春风，自不必说。此书的后半部分文章颇为稀见，文章多短小精悍，或惊鸿一瞥，或雪泥鸿爪，均可为“说园”增加鲜活的例证。虽为片段，亦常常闪烁着先生文化的自觉、文学的机敏和达观的人生状态。先生羁旅行经多地，或苏州、常熟、扬州，或上海、北京、河北，近二十篇一一评述各处名园，有赞有贬，皆出自肺腑。

本书名为《品园》，又并不局限于园林，如《鬓影衣香》《说“屏”》《说“帘”》《说“影”》《说兰》《说竹》《豫园顾曲》等篇什，说的都是中国的传统文化，亦是信手拈来、涉笔成趣。李渔说：“才情者，人心之山水；

山水者，天地之才情。”于陈从周先生而言，可谓胸中自有丘壑，山水诗情，合而为一。“搜尽奇峰打草稿”，关于园林，先生自然是笔下纵横。

《品园》不仅是关于园林的，也是“天人合一”中国文化的结晶体。正如先生所言：“东方文化，当于园林求之。”中学课本里有一篇叶圣陶先生写的《苏州园林》，读书时就甚为喜欢。不想，对于园林之说，叶圣陶先生最为钦佩的竟然是陈从周先生。叶先生读完《说园》，给陈从周写信云：“从周兄熔哲文美术于一炉，以论造园，臻此高境，钦悦无量。”细读《品园》，诚然如是！

汉学与国学之间

王仕豪

随着时代的发展，关于历史的研究越来越多，史书更是数不胜数。在市场上常流动着各色各样的历史类书籍。诚然，这其中也有很多写得很好，影响也很大的书籍，但往往却是名噪一时便销声匿迹或是只在学术圈内流传，更多的则是沉淀在图书馆里等待着伯乐的邂逅。真正经得起岁月考验而又影响不减的少之又少，而“海外中国研究丛书”便可谓是其中之一。从1988年出版至今近三十载，其延续之久，影响之大都是很多其他丛书难以望其项背的。

作为一个历史系的本科生，对这套丛书自不会陌生：《六朝精神史研究》《中国转向内在》《十八世纪中国社会》……都是放在书桌前的常读书目。每隔一段时间都会将它们拿出来反复品读、思考。前后也阅读过这套丛书的其中十几本，对这套书有一些自己的理解。恰逢第六届江苏书展在扬举行，书展上有幸听到该丛书主编刘东教授做的讲座，也淘到市面这套书里已绝版的几本。趁此机会谈谈自己对阅读这套丛书的一些感想。

首先，这套书惠及学林的价值不言而喻，不光是像我这样的本科生，很多硕士、博士甚至不少老师都在阅读这套丛书。狄百瑞、孔飞力、柏文莉等一大批海外学者的英译著作中文版先后问世，中国文化博大精深，从古至今有很多国内学者、大儒都写过相关书籍来研究，而今何以去读“洋书”来认知中国呢？所谓当局者迷，有时身处中国这个大环境的人们纠结的问题，对于圈外的外国汉学家而言却是很清晰透彻的。再者，这些汉学家的国学水平与国内顶尖学者也在伯仲之间。因此，他们的种种思考不乏真知灼见，甚至开拓国人所未涉猎的历史研究领域。

阅读这套书的最大感想就是书中的史料极为丰富，很多书中引用的除了传统的二十四史外，还引征了很多国内稀见的史料甚至没有的资料。刘东教授在讲座中也提到，往往外国汉学家阅读书籍，可能更在乎的是文章中所引用的史料。这给我的启示很大，想必一般人平时阅读书籍时比较注重作者观点和看法，而对其引用的史料则往往关注不够。

那阅读这么多国外汉学著作究竟有何用？对于专业学历史的当然是研究之用。而对于大众读者，我觉得反而是更加有用，因为只有对比才能知道彼此间的差异。正如我题目所言，国学与汉学之间，是“海外中国研究丛书”的根本所在，即以这个系列为一个基点，更好地认知我们中国，了解国学。但要掌握一个度——最好做到中庸。否则就是邯郸学步，迷失其中无法自拔，最终国学和汉学都没学好。正如刘东教授所言，“随着这样一个主流西学的引进，使国人在一系列悖论的镜像中丧失自我认同的最后基础”，但“失去本土的背景，吃什么也会消化不良”。

“衣带渐宽终不悔，为伊消得人憔悴”，读这套丛书更要读懂这些汉学家的治学风范。研究学问，尤其是历史研究，就要几十年如一日默默地付出。比如丛书作者之一的狄百瑞教授在今年97岁高龄时才获得第二届唐奖“汉学奖”。做任何事都一样，只有坚持不懈地付出才能有所成就。

简而言之，“海外中国研究丛书”无论从深度还是广度上都是近乎完美的，它所涉及的各个领域经常会开拓我的视野，增长我的见识。美中不足的是在翻译上有时还存在一些晦涩问题，但这恐也是难以避免的。另外我希望江苏人民出版社在这套丛书中能放入更多国外学者关于中国先秦和中国史的研究著作。

“独立之精神，自由之思想，历千万祀，与天壤而同久，共三光而永光”，这本是陈寅恪先生纪念王国维先生的碑铭。在此用来形容这套书我觉得是恰如其分的。好的书经得起时间，书中的思想也自会流芳百世。

一座名城的『生命史』

余国江

扬州是一座著名的历史文化名城。两千余年间，城市屡废屡兴，城池位置与规模也随之变迁。尤其是隋唐至南宋的扬州城，由于城市主要功能由政治而经济、由经济而军事的转变，其城池位置、布局等也相应变化。与同时代其他城市相比，扬州城或有异处，或更具特色，在中国古代城市史中占据了一席之地。

从清代开始，扬州地方学者就着手做了一些文物收集和研究的工作，不过真正对扬州城进行较为科学的调查，则始于日本人安藤更生。经过数年的实地踏访，安藤于 1945 年完成了《唐宋时期扬州城考古学的研究》，对唐、宋、明三代的扬州城范围、城门、道路、桥梁等进行了考证。1949 年以后，江苏省和扬州市的专家对扬州城遗址进行了数次调查，1987 年扬州唐城考古工作队成立，又对扬州城进行了全面调查和科学发掘，弄清了自战国至明清各期城址的大体范围和演变关系。相关考古工作仍在进行中，最新成果也不断涌现。以这些考古成果和相关历史文献为基础，对扬州城进行全面“整辑排比”的，就是王虎华主编的《扬州城池变迁》（以下简称《变迁》）一书。

《变迁》由扬州文史、考古学界的专家学者们执笔撰写，也是向扬州城庆2500年献礼的一份成果。全书分三编，第一编“扬州城池变迁的历史”，在对扬州城池变迁概述之后，按时代依次详细介绍了春秋至两汉、三国两晋南北朝、隋唐五代、宋元、明清时期的扬州城池，并附有“扬州城垣大事年表（前486-1952）”。第二编“扬州城池变迁的文化遗产”分遗址类、人物类、事件类三部分，以条目的形式介绍了与扬州城有关的遗址、人物、事件。第三编“扬州城池变迁的相关史料”分史籍类、考古类、文学类、有关扬州城池变迁的文章等四部分，辑录历代地方志、诗文中的相关史料。

通读全书，有如下一些特点。首先是定位清晰，全书细致刻画出了扬州城池变迁的历史文化肌理。纵观扬州城池变迁的整个历程，可以看到有两个鲜明的特色。其一，扬州城始筑于蜀冈上，随着城市的发展，到唐代时形成“联蜀冈上下以为城”的格局，城池规模达到最大。以后历代的扬州城均未超出唐城的范围。正是由于扬州历代城池叠压，后代在前朝城池基础上加以修筑改建，所以才被誉为“通史式城市”。其二，扬州城池变迁的内在动力和客观需求是城市的发展与功能的转变。隋代以前扬州作为区域重镇，政治地位十分突出。唐代中晚期，由于全国形势的变化、运河的交通便利等因素，扬州取得“扬一”的地位，人口大量增殖，商业最为发达，罗城也应运而生。五代杨吴时，作为都城，扬州“周围六十余里，四面十八门……凡一桥上，并是市井”，与同时期的其他都城相比，仍颇为辉煌。后周、南宋、元末，扬州处于南北势力接邻的“国门”位置，军事功能跃居第一位，截罗城而筑周小城、宋三城格局的形成、南宋城防体系的加固等等，都反映了这一点。这也就是《变迁》所展示的“扬州城从蜀冈之上逐渐扩大和转移到蜀冈之下，城池规模受政治、经济、军事的影响而时有伸缩这两个特点”。把握住了这两点，读者对扬州城池变迁就有了一个准确的认识，也就更容易理解其所反映的无形的文化肌理。

其次是资料详实，可读性强。如序言所说，“本书将历史文献解读和田野考古成果紧密结合，对每个时期扬州城池的变迁进行了梳理和概括。”除了一般的资料外，书中还使用了一些新的或以往不为我们所重视的资料。如第208页“陈少游”条引用《太平广记》卷三六三“王愬”条，其原文为：“初愬宅在庆云寺西，……明年春，连帅陈少游议筑广陵城，取愬旧居，给以半价。又运土筑笼，每笼三十文。”关于陈少游筑城之事，两唐书都没有记载，较之《资治通鉴》卷二二九“淮南节度使陈少游将兵讨李希烈，屯盱眙，闻朱泚作乱，归广陵，修堑垒，缮甲兵”，此条记载实为最早。而且据其文可知罗城仍为土筑，城在庆云寺西，这都是十分重要的信息。在考古资料方面，书中根据《江苏扬州市宋大城北门遗址的发掘》提供的拓片，对《重修北水门石碑文》进行了完整释读，也方便了研究者。而且值得一提的是，全书按类分条目整理了与扬州城相关的遗址、人物、事件，辑录了相关史料，并配有百余幅图表，涉及地方志古地图、遗址遗迹、出土遗物、遗址现状、人物图像等，可谓图文并茂、雅俗共赏，这无疑大大提高了《变迁》一书的可读性。

复次，在已有研究成果的基础上又有创获，提出了一些新见解。诸位撰稿人都是长年研究扬州地方历史文化的学者或工作在考古第一线的专家，熟稔相关研究成果、基本资料，在书中也融入了一些研究的心得，有综述，也有发覆。如关于邗城所在的问题，历来说法不一。北魏郦道元《水经注》曰：“自广陵城东南筑邗城”，宋代以后的诸地方志则言在蜀冈上，而具体位置终究难以断定。20 世纪 80 年代末，扬州唐城考古队曾对蜀冈上古城址进行过解剖发掘，在西城墙的第 2 号探沟中发现城墙下压着战国灰坑，灰坑内出土了楚国蚁鼻钱和泥质灰陶豆，由于这些遗物都是战国中晚期的典型钱币和器物，所以发掘者确定城址始筑年代不会早于战国，而与楚怀王十年（前 319 年）“城广陵”一致。2009 年沈家山附近发现了不少陶质井圈，由于其位于广陵城东南的蜀冈东端高地上，所以有专家认为沈家山很可能为邗城位置。这是从考古的角度对传统之说提出的一次尝试性的挑战。借《变迁》考古专家对此挑战作出了回应。通过对沈家山出土遗物太少而不具备构成城池遗址相关的物质基础条件、蚁鼻钱早在春秋中期已经出现并流行了约三百七十年等问题的探讨分析，《变迁》中论述其还不能完全确认蜀冈上古城址始筑于战国时，沈家山作为邗城遗址也缺乏证据。《变迁》中的这一观点可成一家之言，值得注目。附带说一句，2011 年扬州唐城考古队对蜀冈上古代城址进行了考古调查勘探工作，结合相关成果，对邗城位置进行了蠡测，认为其可能在蜀冈南缘东南隅，武廷海、王学荣观点与此相同，并绘制了推测的邗城位置图，可说是对邗城的最新探索。

当然，书中也偶有白璧微瑕之处，一些资料尚可补充完备。如第一编第七部分的“扬州城垣大事年表”中，除了已经列举的诸条以外，还可补充两条。一是干宝《搜神记》卷一五所载：东吴景帝时（258～264），“戍将于广陵掘诸冢，取版以治城，所坏甚多。”此事又见于《三国志》卷四八《吴书·孙休传》注引葛洪《抱朴子》。今本《抱朴子》无此文，而严可均辑《抱朴子内篇佚文》作“吴景帝时，戍将于江陵掘冢，取板治城”，“江陵”下注“又作广陵”。二是梁长沙王萧渊业在扬州“运私邸米，僦人作甓以砌城”，此事见于《南史》卷五一《梁宗室上》。这是史籍关于砖砌扬州城的最早记载，颇为重要。《变迁》第52页已经列出此条记载，“扬州城垣大事年表”部分不当遗漏。又如第二编第二部分人物类“安藤更生”条，记其生平过于粗略，只言“安藤更生，生平不详，日本人，日本当代学者、汉学家，早稻田大学教授。著有《〈唐大和尚东征传〉之研究》等”。其实，《扬州唐城考古与研究资料选编》收有汪勃、刘妍翻译的安藤更生《唐宋时期扬州城之研究》，译者注1即有其生平简介，东京文化财研究所网站有更为详细的介绍，应当参考。

总之，《变迁》作为第一本以扬州城池变迁为专题的书籍，融专业资料性和通俗性于一体，内容详实，可读性强，值得扬州文史爱好者和相关研究者常置案头。

草木缘情

陈夕川

像是苏州园林里山水映衬而成的情趣，《草木缘情》一书也将花草树木和诗词歌赋搭配得相得益彰，科普和感化浑然天成。捧着书，既可熟悉草木，又能回味诗词，真是匠心独运。好书和良人一样，可遇不可求，触动了我心灵的，是封面上的“缘情”二字。

草木是上苍的馈赠。浮生如梦，既然逡巡在大地，自然会染上花草树木的香气，更会结下一些得以慰藉的情怀——

凤仙，清雅的名字，总是在盛夏的当口成串地开着，小巧简单。对它惦念不忘，是因为有一段光景，与它有不解之缘。盛夏对孩子来说是除了过年的另一个奢望，自由的日子充满了诱惑。农村的夏天，有凉得透彻的早晚和热得疯狂的午后，入伏后，长辈们会挑个时间聚聚，那是一年里最惬意的时光，不用拘束着农活或是人情世故。姨妈和外婆是不会让我们几个孩子出去野的，午后拉着我们到阴凉的墙角，剪几束凤仙，要给我们染指甲。凤仙剪好了，用刀切碎，那种香涩的味道在热浪中蔓延，切得越碎，味道越浓烈。尔后我们会从舅舅的口袋里央求几根香烟来，剥去包裹着的白色纸，将烟丝和凤仙拌好，还需要撒上一些明矾，再静置着就行。染指甲在睡前开始，掐上一把杨树叶，然后撮一些拌好的凤仙匀放在指甲上，用杨树叶把整根手指头包裹好，用棉线缠紧就可以了。那个时候才觉得夜是那样漫长，指头被捂得滚烫，总想着拿掉，又担心指甲上还没有染上颜色，偶尔也会在睡梦中不小心弄掉几个，早上起来暗自懊悔睡得太沉。这样的日子要持续七天，指甲上才能有那种殷红漂亮的色。

那时候，根本不会在意那些说男孩怎么好意思染指甲的闲言。我只是觉得好看、好玩，就这么做了，与人无害，于己无害。那时候的自己虽然什么都不懂，但正如书上所说："行己之路，莫顾旁言。"一如凤仙，不拘着在墙角还是田埂，亦或是草堆里头，只要生了根，任性地就发了芽、长了叶、开了花，生命那么短，哪来的时间去窥探、去羞怯？那时的单纯，让现在的自己都羞赧难堪。如今，天真和单纯已被生活染上了各种色彩，性情也被生活磨钝殆尽。指甲上的红色会慢慢退去，日子也循规蹈矩地翻过去、翻过去。上了中学，我终于体会到什么叫人言可畏了，更害怕同学把自己当成课前课后的笑料，染指甲的习惯就戛然而止。凤仙终于可以在那方小天地里惬意地灿然成韵了。如今姨妈成了姨婆，外婆当了太婆，一同染指甲的哥哥姐姐们也在各自的城市安家立业。偶尔，我们也会聊上几句，平淡日子里，就多了几分味道，多了几分怀念。

上大学了，有了几个有深有浅的朋友。毕业那年的五月，大家结伴去图书馆写论文。蓦然，鼻子被空气中浮动着的清爽香气挑逗着。按捺不住好奇心，循着味道找去，终于发现了墙角的一丛野蔷薇。玫红的花朵精巧可爱，羞怯地躲藏在浓密的叶间，香味却出卖了自己。有句谚语真是应景："有麝自然香，何须风来扬。"那年六月，学校里的合欢轻盈飞舞，大家收拾了行李互道别离，或回到故乡的城市，或前往梦想的城市，去开始人生的下一阶段。没有泪眼婆娑，没有豪言壮语。我以为说再见只是语言的表达，送走同学，转过身，潸然泪下。是啊，从此天南地北，分道扬镳。这是一个流行离开的世界，但是我们都不擅长告别。次年暮春，偶然又走到母校图书馆下面，一股浓幽的香味似曾相识。驻足看去，竟是那丛蔷薇，依旧身影娉婷。此时，我才感受到崔护的那种惋叹和哀凉："人面不知何处去，桃花依旧笑春风。"人世间大哀莫过于物是人非了。也许有了同种风景，同种情愫，才能去品读诗、感悟诗吧。就着灵感，我打开博客写下："纵有春日风光里，奈何蔷薇不当年。"这句诗，作为博客的简介，一直保存至今。蔷薇依然匍匐在墙角石头上执着地讴歌着、舞动着，朴素淡雅，不卑不亢。只是，那段青涩又精彩的日子，谁还记得呢？

在我们感悟草木独特韵味的时候，也应该叹慕前人的聪慧——给草木冠以隽永的名字。草木有了名字，诗人就有了灵感，从此，花花草草便在诗文里面熠熠生辉。不仅如此，这些含义浓厚的文字，还可以填进孩子的姓名里，清雅脱俗。

那年，表姐生了第二个儿子，让我给外甥添一个字。这么庄重神圣的事情，让我稍感兴奋和紧张。翻了《诗经》，看了《楚辞》，寓意好的字群蚁排衙，让人眼花缭乱，于是决定去图书馆，翻一翻其他典籍。经过一方池塘，我停了下来，一丛丛芦苇正随风摇曳。不矫揉造作，不清高孤傲。修长的叶片总是朝着一个方向，孱弱的身姿中坦露着一股韧劲儿。没有靓丽的花色去骄傲，也没有参天的身姿去狂放。它只带了草绿和枯黄，在池塘边把自己站成了一个秋。冬来了，它也不甘于寂寞，芦花就是它的诗篇，不知自然中还有什么花朵能与它较量一番？曾经折过几大朵芦花，插在书桌上，染了一身温暖。整个冬天，它也没要谢幕的意思，倒是我自己被人嘲笑了去。春寒过去了，那些锥子似的紫红嫩芽又从泥地里钻出来，倔强，真是倔强，但更是生命的韧劲儿。蓦地来了灵感，何不用"苇"作外甥的名？表姐是同意了，算命先生却摇了头，说外甥五行缺火，为保永福，改成了"炜"。我心里是有些遗憾的，没有将这种倔强和韧劲带给外甥，不过还是祝福他以后的日子里，能够像芦苇一样强韧，也能给人带来温暖。

朋友是个喜爱花的人，客厅茶几上，玫瑰、百合不断更替。有天，朋友突然在博客里放了一张鲜花凋零的图片，附文感叹道："时光易逝，花开无声，花落无息。"突然我有点感触。无声无息？花开花落真是这样安寂吗？

那时候才是初中，喜欢婶婶院里的一丛白芍。每当花骨朵饱满了的时候，我都会剪上几枝插在玻璃瓶里，放在床头柜上，等着它开花。即便离开了大地，花期依然如约而至。也许，这是白芍对生命的敬重——无论饱受多少煎熬和痛苦，也要一步步走到尽头。

夏天的夜安静极了，尽管虫蛙的叫声此起彼伏。一日夜里，刚刚躺下。忽然，轻微的一声"啪嗒"入耳，我立即警惕起来，莫不是遭了耗子？接着又是"啪嗒""啪嗒"两声，我手轻轻摸到台灯，灯亮了，耗子的影子都不见着，目光扫过床头柜发现几片白芍花瓣掉在了柜子上，我轻轻拿起来，举过头，放在灯下照了照，用羊脂玉来比拟毫不夸张，妙的是比玉石更多了无法拿捏的柔软。我轻轻敲了敲花瓶，“啪嗒”“啪嗒”落雨一般，一朵花就这样匆匆谢了幕。“有幸听得落花声，无情断了落花生。”我重新躺回床上，盯着那些落下的花瓣许久，心里隐约生出了与年纪不太相符的感伤。当时，或许只是觉得又过了一个花季，只能静等来年了。只是后来，我再也没有采过花，反而觉得生在泥地上的花，才能地久天长。自己慢慢长大了，文字读得多了，才渐渐有所体悟。花开有声，花落有声，只是这种声息，不是刻意让你我听的，那是大自然最纯正的语言。花开之声，是对生命的祷告；花落之声，是对魂灵的宽慰。这种声音本就应该在大自然中鸣响，在大自然中湮灭。像这花瓣，本就应在花枝上柔情，然后在某个下雨的早晨，洇进大地。

花开花落本就是人与自然的邂逅，不欢喜，不悲情。就着雨露绽放了，和着轻风凋零了。没有一点提醒，也没有一丝留恋。“无可奈何花落去，似曾相识燕归来”，倒是我们自己，平添了不少神伤，在精神的桎梏里踌躇。转念想想，顺时而开，应时而落，不也是一种随性、一种淡然、一种豁达？正如庄子所言：“不将不迎，应而不藏，方能胜万物而不伤。”“不以物喜，不以己悲”说的大抵也有这些花花草草吧。可是在社会的风云里，在人情的漩涡里，还有多少人能够秉持本心，随性一点、淡然一点、豁达一点？我们看重了一些东西，必然也会看轻一些东西。于是，我在朋友的博客下评论道：“落花亦有意，故人莫长情。解得三春语，云深谢王侯。”不知朋友看懂了这首拙诗与否。

课堂上，与学生讨论习作，学生们问，什么是真生活？真生活对人而言，哪能那么理论？但是他们的人生还没有真正开始，我不想也不能去撕开他们对未来的憧憬。我说，真生活就是秉持自己的本心、真心、善心去过日子。陶渊明“采菊东篱下，悠然见南山”的生活我们学不来，也不用刻意而为。于我而言，卸掉防备、褪去虚假，喝口茶、看本书，听听雨、写写字，草草木木，枯荣不息，如此足矣。正如东坡的感叹：“宁可食无肉，不可居无竹。”

情至于此，我在《草木缘情》扉页写下了张九龄的一句诗，“草木有本心，何求美人折。”

《夜读汪曾祺》阅读札记

李樯

“这天正是腊月三十，这样的时候，是不会有人上酒馆喝酒的，如意楼上空空荡荡的，就只有这三个人。外面，正下着大雪。”

这是《岁寒三友》的结尾，三个好朋友，王瘦吾，陶虎臣，靳彝甫，坐在年关岁底，喝酒。那寒冷中的薄酒，就是人间的小温。

其实，每个读书人心中都有这样的“岁寒三友”，在寂寞的文学夜晚，王干先生的如意楼上也有许多老朋友，而那个靠着红泥小炉的最好位置，一定是留给汪曾祺先生的。

“在《岁寒三友》这篇小说里，体现在貌似随便的结构上，其实精心构思，巧妙运行，真可谓‘极炼不如不炼也’，简直是‘不炼’到极致。”

“从‘这三年啊’开始，小说的节奏变得冷意横生，叙述的语调变得滞重而沉痛，写到陶虎臣被迫嫁女，上吊自杀时，寒意逼人，节奏停滞。之后，三人小酒馆相聚，‘醉一次’，节奏又舒缓荡开，人性的热度，友情的温暖，在叙述的语调中自然呈现。”

一盏灯，一盏读书的灯，在如今的时代有些孤寂，而正是这样的孤寂里，《夜读汪曾祺》处处溢出阅读的欣喜，如爆燃的灯花。很多在白天消失的歌再次和露珠一起降临。

“有一次在他的故居门口，竟痴痴地待到半夜。走过路过的人以疑惑的眼光盯着我，我才赶紧离开。”

这是王干写他在汪曾祺高邮故居前的等候，那空，那疼。

“汪曾祺的作品好像更适合晚间阅读，他的作品释放着光辉，但不是灼热的阳光，更不是鲁迅作品那种凛冽的寒光。汪曾祺的文字如秋月当空，明净如水，一尘不染，读罢，心灵如洗。”

的确，汪曾祺如同月亮，水边的月亮，湖水上空的月亮，没有一点灰尘，亦如王干对于文学的赤子之心。

《被遮蔽的大师》《有志者的困局》《透明与滋润》《淡的魅力》《像汪曾祺那样生活》……一篇又一篇，王干如此兢兢业业，如此念兹在兹，如此叨念着汪曾祺，就像画家季匋民和鉴赏家叶三。

“好在哪里？”

“紫藤里有风。”

紫藤里的风，是季匋民对于叶三的奖赏，也是汪曾祺对于王干的奖赏。这令我想起了汪曾祺的老师沈从文。沈从文和汪曾祺，汪曾祺和王干，都是星斗其文的好师友。文坛上这两对情深意重的师友，像一场马拉松接力，每一棒都接得稳而有力。文坛上已很少有人像他那样，如此薄情的时间里，王干做着最辛劳又最值得的文学接力。

“他对时代的关注，对政治的关注其实一点也不淡漠，只不过是用灰蛇草线的方式来表达。”

“他刻意融合小说、散文、诗歌文体之间的界限，从而营造一个更加让读者赏心悦目的语言世界。语言在他手里像魔术师的道具一样，千姿百态，浑然天成。”

汪曾祺的“轻盈的笔墨意象”，汪曾祺的“抒情的人道主义美学”，这些论断，是月光的波光，是月光和烛光的完美交织。每个子夜的阅读，长达40年的阅读，已不是固执，而是使命。我甚至想，《夜读汪曾祺》与其说是王干回馈给汪曾祺的文学夜晚，还不如说是王干写给被遮蔽的文学史的长篇信札。

这个年头，很多歌消失了，很多曾经很热的人和词，被这个健忘的时代列车载着一闪而过。一闪而过的还有那些脸，那些誓言，那些来路。很多人忘记了誓言，忘记了来路，忘记了恩情。但王干没有忘记，哪怕是人间一小温，他用这本《夜读汪曾祺》把“小温”珍藏，酝酿，凝成滚烫滚烫的琥珀酒。

“……读着汪曾祺老去，一天天变老，也是不懊悔的事情。76岁的汪曾祺已经定格在那里，而我在一天天地向他这个年龄接近，然后超越。而且，在我活得比他更老之后，我还会读他，读汪曾祺，读高邮的汪曾祺，读扬州的汪曾祺，读中国的汪曾祺。他的文字永在，我们的阅读也永在，无论白天和夜晚。”

他的温暖，他的熨帖。

汪曾祺的温暖和熨贴，也是王干的温暖和熨贴。

有了这样的温暖和熨贴，在这个讲究意义的年头，热爱文学就有了意思。

家长里短见真情

肖建荣

早在二十多年前，我就读过琦君的作品。记住“琦君”这个名字，倒不是因为她的台湾著名作家头衔，而是她的文字曾深深地打动了我。让我知道，有一种家长里短似的文字叙述，情真意切，像春风拂面，让我长了见识。所以，在第六届江苏书展上，看到由江苏凤凰文艺出版社最新版的琦君散文选《爱与孤独》，便迫不及待地购得一本。

与我们常见的所谓学者散文、大散文的宏大叙事不同，琦君散文属于典型的小品文风格。而与周作人、梁实秋等人同属小品文的那些谈吃谈喝谈文化的散文不同，琦君多取材于日常琐事，既不抖博学，也不抖机灵，所谈话题看似是婆婆妈妈的议论，细品之后，却十分有味，饱含真情。比如，她写《烟愁》，从童年好奇向二叔要烟写起，写到最后，她说：“来台湾的最初几年举目无亲，烟更成了我唯一的良伴。现在想想，住在低洼潮湿的宿舍里整两年而没有得风湿病，香烟应该有很大的功劳吧。”她写《水是故乡甜》，从旅欧来美一路喝矿泉水写起，得出的体会是：“说实在的，即使是真正的矿泉水，饮啜起来，在感觉上，在心情上，比起大陆故乡的水，和安居了三十年的第二故乡台湾的水，能一样的清洌甘美吗？”书中还有一些写景写物的篇章，像《桂花雨》《毛衣》《春草池塘》一样以情动人，堪称佳作。就个人而言，我最喜欢的还是写人篇章，诸如：《外公》《父亲》《母亲》《我的另一半》《吾师》等。据说在写人的作品中，其母亲占了很大分量，最感人的几篇都是写母亲的，我有同感。但我更喜欢的则是写老公的那篇《我的另一半》，一是这类文章并不多见，二是写得好的更为少见。琦君的这篇好，好就好在她把一个丈夫的形象写得活灵活现，逼真至极。她写老公的“慢动作”，从几种车不坐，到只坐“八成新以上的车辆，司机中年以上，看去慈眉善目的”，这一特有的个人行为举止，个性十足，任何人无法抄袭。

生于 1917 年，逝于 2006 年的琦君，被誉为“台湾文坛上闪亮的恒星”。其作品颇丰，从 1954 年出版第一部作品《琴心》始，先后有三十多部作品问世。要想编好一本她的散文选，并不简单。看得出，《爱与孤独》的编者李瑞腾先生下了许多功夫。本书最终决定以“情”字为编选的核心理念，精挑细选了四十余篇文章，并冠以“三更有梦”“万水千山”“亲情似海”“春风化雨”辑名，使读者阅读起来更加方便。这是我看到的琦君散文中，一个较好的选本。

读《爱与孤独》，听琦君讲她的家人、朋友以及老师，讲她的过往，随意翻到哪一篇哪一页，尽是些平凡的家事。事事真情无限。我们听到——她是怎样在参加一对夫妻结婚三十周年纪念酒会上，想起中国两句老话：“少年夫妻老来伴”“满床儿女不及半床夫”的。她是怎样在邮箱取信时，遇到邻居老太太，然后她们相谈甚欢，以至感叹：“有情人成眷属不难，成了眷属要永是情人，才是夫妻间一生一世都得体味的深意啊！”她是怎样在布置陋室时，捡出恩师夏承焘题写的对联“欲修到神仙眷属，须做得柴米夫妻”，挂好对联，然后想起老师和师母这对神仙眷属的故事，又不禁悠然神往……读着读着，我们仿佛在夏夜，听着摇芭蕉扇的祖母讲故事，不时有微风吹来……

写的不是故宫 也还是故宫

朱磊

这几年，写故宫这座“从前的宫殿”的书出了不少。在看过一两本之后，我已经慢慢对它失去了起初的兴趣。当最近《故宫的隐秘角落》出现在各大好书推荐榜的时候，我也只是在买后匆匆瞥了一眼封面和简介，便将它束之高阁了。可是，没想到日常很少看书的妻子却突然有一天，问我有没有这本书，说很好看要看看。这倒勾起了我的兴致，从书架上找了出来开始阅读。谁知在看了开头后就欲罢不能，放下了手头的其他书，一直将整本《故宫的隐秘角落》读完。读完合上书后，心中的翻腾还是久久不能平复，充满感慨。

《故宫的隐秘角落》绝非只是写故宫的书，它写的是人。整本书除去序言，共有六个章节，分别写：武英殿、慈宁花园、昭仁殿、寿安宫、文渊阁、倦勤斋。正如每个章节的副标题透露的信息，书中更多着墨的地方是与每所宫殿及园林不同时期发生过交集的一个个鲜活的历史人物。武英殿中苦心经营却无奈失国的崇祯皇帝，一夜暴富则沉迷情色的李自成，意气风发如日中天的多尔衮，还有那些在城头变换大王旗时不堪受辱、冒死抵抗的女性；慈宁花园里，人前尊贵无比，人后寂寞孤独，空耗如花岁月的陈皇后、孝庄皇后、孝惠章皇后；昭仁殿前斗智斗勇的康熙大帝和吴三桂；寿安宫中一人之下万人之上的胤礽太子；文渊阁内当时中华文化的集大成者李颙、黄宗羲、戴震、纪晓岚，倦勤斋中勤勉政务风流倜傥的乾隆爷和他的大宠臣和珅，等等。所有这些身处不同历史时期、具备不同特征的人，在《故宫的隐秘角落》里一个个被真实清晰地复活在文字里、纸张上，让我们能清楚地认识和审视他们。

《故宫的隐秘角落》绝非只是写故宫的书，它写的是历史，简明而又深刻地描写了整个中国在晚明、顺朝、清朝三个时期的历史。从李自成率军攻破北京灭亡明朝，到吴三桂冲冠一怒为红颜引清军入关剿灭李自成和南明小朝廷，再到康熙力主撤藩平定天下、乾隆文治武功，最后到晚清落后腐朽大中华饱受蹂躏。整个历史脉络一气呵成、夹叙夹议、娓娓道来。其中有对晚明朝政昏聩、李自成大顺军好色暴虐、文人苦心编著《四库全书》、小人物反抗欺辱的描写，有对清初励精图治、吴三桂从北到南一路复仇、康熙皇子九龙夺嫡、乾隆开创盛世的感叹，有对封建统治极权体系、皇朝交替父子传接、后宫制度残害美人的抨击。

《故宫的隐秘角落》说到底还是写故宫的书，它写出了一个有血有肉有灵魂的故宫，它让冰冷的故宫有了温度。不管是故宫中发生的事还是住过的人，事实上都被铭刻在故宫的每个角落、每阶石级和每块砖瓦之上。他们成为了故宫不可分割的一部分，他们让故宫像一个历经岁月沧桑的老人，向每一个世人讲述着自己的曾经，有苦难当然也有辉煌。

以文化角度观照 加深对扬州的了解

张庆

走进宽敞的扬州国际展览中心，正在举办的江苏书展吸引了我，我和友人相约，利用周末，来了一次书海逡巡。一号馆内的先锋书店摊位，一套城市文化丛书以其独特的装帧，不俗的品位，让我驻足流连。这套丛书里的一本有关扬州文化风情的《二十四桥明月夜》，是韦明铧先生的再版之作，以前曾经翻阅过，既然是再版，想必会有增补，于是毫不犹豫下单购买，回到家中，又兴致勃勃地认真拜读了一遍。

有关扬州的书籍不可谓不多，韦明铧先生的这本书，能够以文化角度观照，使得读者加深对扬州的了解，确实有极高的审美价值。韦先生是著名的扬州文化学者，“二十四桥明月夜，玉人何处教吹箫”千古名句所涵盖的扬州内蕴极为丰富，他撷取了有关扬州风物、老字号、俗语等方面的素材，有考证依据，也有个人见解，读来条分缕析，引人入胜，更由于我是出生于扬州，许多场景颇为熟悉，方言俚语耳熟能详，愈加感到亲切。

二十四桥明月夜，扣住一个月字，缘于扬州另称为月亮城，于月光倾泻中，作者将扬州的巷城脉络做了梳理，拎出梅花岭、白塔、小秦淮河、苏唱街等著名地点进行回顾。为了见证扬州的古老，从唐宋诗词入手，历数名家经典，又从戏曲及笔记小说引申，让唐宋元明清的沿革清晰地展现在读者眼前。无论是驼岭巷的千年古槐印证的南柯一梦的成语，还是梅花岭畔有关史可法的十种传说，都能娓娓道来；白塔是瘦西湖景区的标志物之一，一句“盐商之财力伟哉”，便交代了传说的根由；小秦淮河之于南京的秦淮河，有如小金山之于镇江的金山，瘦西湖之于杭州的西湖，扬州善于借景，借助外来之力，不断丰富自己的底蕴。而至今为人们津津乐道的琼花，其实早已消失，但却不影响聚八仙作为替身，在作者的《琼花新说》中得以延续，自然界花开不败，其实也就是现实中的人文精神不败。

介绍扬州，以明清为背景，大概绕不过扬州盐商、扬州八怪以及扬州学派。作者以精巧的解读，让我们对这些离不开扬州环境的历史遗存有了更明晰的印象。有关盐商，会触及到扬州的园林美食；有关瘦马，会提及平时极少听闻的女佣来历；有关优伶，会涉及从事演艺的角色，正是他们在历史舞台上的登台表演，将日常生活演绎得活色生香；有关八怪，应该到了妇孺皆知的地步，作者仍能独辟蹊径，对史实进行拾遗，倒也别有韵味。

对于扬州风物的介绍，包家灯、女儿红、黄鱼脚、狮子头，写得有根有据，这里的女儿红，不仔细阅读，还以为是黄酒呢；狮子头，作为著名的三头宴主角之一，扬州人提起来可是充满了自豪的；对于老字号钩沉，戴春林香店的香粉，如同现在的化妆品不可或缺，但它可以算得上是鼻祖了；梁福盛漆号，扬州的漆器天下闻名，至今还在发扬光大；惜馀春茶肆，描写的是市井生活场所，对于“早上皮包水，晚上水包皮”的维扬世俗，确实必不可少，我们读来很是熟悉，想必外地人也是非常愿意详察一二的。至于二分明月情节，作者不惜笔墨，为的就是写出扬州的精魂。而如何品味扬州气，习气、作风、脾性，作者又以扎实的史实功底，做了多维广角扫描。

扬州俗语，在书中占了很大篇幅，我以为如果要想真正接地气，必须对方言俚语有较为宽泛的熟识。一人两只眼，说到古人就很防火意识；四盘一暖锅，如五亭桥状，联想到秀色可餐；扬州人没耳朵，原来是“没二朵”之讹，说的是琼花天下第一，再无二朵；苏州片，扬州刀，这里的刀可不是名声遐迩的三把刀，而是作伪，做假古董；上扬州，拢湾头，意思是兜圈子找事做，如今交通发达，再也不必兜圈子了；扬一益二，凸显了扬州当时的盛名；《鹿鼎记》中的“辣块”，就是哪里的意思，我们平时说的口语其实已经有了很大的改变，接近于哪块了。

我对韦先生仰慕已久，虽处一城而难得一见。能够从他的书中，领略先生的求证严谨治学态度、博学多闻的学者风采、勤奋笔耕的作家风度，觉得尤为幸运。更因为拜读先生大作，由此增添了对扬州的了解，从而多了一份作为扬州人的自豪和对这片土地的深沉热爱。

每一棵草都会开花

陈刘岚

看到这个题目，相信大家一定会知道，这是丁立梅老师今年七月在江苏苏展上签售的新书的名字。其实说是新书也不新，这是她差不多十年前出版的一本文集，当时很畅销，历经多年，市面上也早已脱销了。为了满足我们这些梅粉的需求，所以，这本书的精装版在书展上清新亮相了。

一直都关注丁立梅老师的新书动态，得知《每一棵草都会开花》的读者见面会将在扬州的书展上举行，我激动得几乎忘形。

七月十号下午三点半，梅子老师准时到了展厅，先是演讲，然后签售。梅粉众多，小小的展厅水泄不通。排在我前面的一个小男孩在认真地翻书看着,他投入的样子吸引了我。问他上几年级了，这么小就爱看丁老师的书啊？小男孩仰起脸，可爱的笑容在我眼前晃动。他说他四年级，受妈妈的影响，喜欢丁老师的书。已经完整地看过两本了。他说话的时候一直在笑，灿烂的笑容把我也感染了。一瞬间我就觉得，心里似乎满满地开了花。原先那里有许多杂草，可是，这一刻说开就开了花。

回家后，我一个晚上将这本书里的文章看了一遍。这样读书的激情，这样的忘乎所以，恐怕只是在十七八岁的少女时代曾经有过。而今人到中年，看书也看，只是趋向于随意地翻，一天也只是看几页。这样废寝忘食地读，这么多年来已经很少见。

我被自己逗笑了，好像又重返了青春岁月。又一阵恍惚，似乎被这本书里的文章，牵去了心魂。

梅子老师的文字我早就熟悉，可是新得一本她的书，我还是如获至宝一般，爱不释手。这本书里的好多文章，隔了多年再看，依然震撼我的心灵。

比如《石缝里的山百合》，比如《碗里的太阳花》，比如《莲花盛开》等等。故事里的主人公都是平凡女子，却因命运的打击捉弄，而生活陷入绝境。然而她们并未向命运低头，再苦再难，也心怀一颗感恩与向上的心，受再多的苦难，依然去选择帮助比自己更不幸的人。她们就像山百合，像太阳花，像莲花一样，那么纯美，那么顽强，那么美好。想起梅子老师在当天的演讲中说的话："这个世界上，总有比不幸更大的不幸，总有比苦难更深的苦难。而你，肯定不是最不幸的那一个。所以，要好好活着。好好活着，才是生命的本质。"

多好啊！好好活着，就是一种最朴素的美丽。就像身边每一棵卑微的草。或许没有人会去关注它们，它们远不如那些花儿们受人喜爱。可是它们也有自己独一无二的生命，它们也会拼尽全力地生长。总有一天，你会惊奇地发现，脚下的那棵不知名的草，竟然也开了花。

如此，你的心里瞬间柔软，感动。

这就是生命的本质。不为任何人的眼光，只为自己的内心，而绽放。

丁立梅老师的文字与我，是有着一见如故的缘分的。看着她笔下的人物、村庄、花草，扑面而来的是真真的亲切，由心而生的是满满的温暖与悸动。她写蔷薇花，写栀子花，写丝瓜花，还有空灵的雪花，每一样读来都如邻家姐姐话家常般，轻松舒适，快乐满足。

她的文字里没有故弄玄虚的深奥，没有假大空的心灵鸡汤，有的只是左邻右舍、家长里短的平实叙述，在那一种淡淡的意境里娓娓道来，透出平常流年的脉脉温情。

她无比热爱花草。她的书桌上总会养着些绿植，哪怕是山芋藤。她说，每一株草都会开花。我深深记住这句话，所以我在对待儿子的教育问题上，慢慢地感悟出，既然每一株草都会开花，那么就耐心一点，不急不躁，用心守候，等待花开的那一天。

相信，每一棵草都会开花。愿全世界的花都好好地开。

花，继续在开；爱，绵绵不绝。

诗性·人性

吴婧妤

我曾读过蔡义江先生的《红楼韵语》，当时觉得先生分析得很有“味儿”，十分喜欢。参加第六届江苏书展，又遇见先生 2007 年的旧书新版，装帧闲雅，没有做学问的书的架子，当即买下。

我好奇先生在《红楼韵语》之后，又会有什么更精妙的见解。一读之下，方知前者是对作品中情节进展有极大推动作用的诗词进行分析，而这本《红楼梦诗词》则将全书所有诗词包括对联，一字一句地做了赏析。

《红楼梦》中的诗词，我初看只道一片绮罗丛中，繁华锦绣，不知太多字眼都用了典故。囫囵读去，只是好听，却读不出什么深切的意蕴。先生为读者将坚生晦涩的典故都剖析出来，再将读者引入到该诗所在的情节环境中去，让读者品味诗词精妙辞藻的同时，感受到人物复杂的心理活动和其中折射出的人物性格。先生其实更是将他的阅人处世哲学毫无保留地展现给了大家。

譬如分析晴雯的判词，最后那几句“晴雯是奴隶，是一个虽未完全觉醒，但对她已能感觉到的屈辱怒火冲天的奴隶；而不是那种把奴隶的手铐看作是手镯、锁链当成项链的无耻奴才。曹雪芹在介绍十二钗的册子时，将她置于首位，这是有心的安排。作者对晴雯的特殊热情，是有现实感受为基础的；在描写她的不幸遭遇的同时，也可能还在某种程度上夹带有政治上的寄托，所以图咏中颇有‘伤时骂世’的味道”，这样的解读我认为相当透彻，能从一个人物的一生遭际，脱开文本本身的限制，与作者本人联系起来，这是一件了不起的事。而事实也恰如先生所分析的，曹雪芹才华横溢，却因罪官家属的身份，永远也得不到朝廷的重用，最终在北京西郊黄叶村著书孤老一生。

如果说对晴雯的剖析，先生教会了我们要用一颗透彻的心去看待人生，不能迷茫在痛苦之中，那么对香菱的评价就是在告诉我们,走出痛苦之后该如何将人生过得精彩。

先生分析香菱的“吟月三首”的第三首，是这样说的：“在实践中，经过几次挫折，她找到了门径，第三首面目就大不一样。首句起得很有气势，恰似一轮皓月，破云而出；精华难掩，将自己才华终难埋没、学诗必能成功的自信心含蓄地传出……结句的感喟本是作诗者自己的，偏推给处境同样寂寞的嫦娥，诗意曲折……‘团圆’二字，将月与人合咏，自然双关余韵悠长……小说还借用俗语作结‘天下无难事，只怕有心人’，作者的用意，十分清楚。”这就体现了香菱自己做学问的韧性，以此类推，天下大同，这是先生的一种智慧。

书中的评价中肯淡泊，完完全全地展现了《红楼梦》中诗之工整，词之风流，曲之香艳，赋之华丽，诔之情切，偈之玄妙，灯谜之趣，酒令之欢；宝玉之香奁浪漫，黛玉之长歌悲凉，宝钗之律诗端庄，湘云之小令清朗，宝琴之怀古豪放……凡此种种，先生以小见大，不落窠臼，将诗性和人性融合升华，让读者心如明镜。

这就是蔡义江先生的《红楼梦诗词》，眉目淡雅，拂去《红楼》诗词身上百年的落尘，与读者并肩看《红楼梦》中的浩大天地。

当以诗读

于川

王小波先生故去多年，他在文学上的成就，早有定论。时至今日，我依然记得初读《一只特立独行的猪》时的兴奋，这种感觉可以解释为阅读快感。这个世界没有不死的人，但是他的死，给喜欢他的人，还是带来无可言说的遗憾，有人说他是中国的卡夫卡，甚至认为他有资格获得诺贝尔文学奖。

这本《爱你就像爱生命》，其实是王小波和夫人李银河的两地书，也可以说是情书，纯属私人信件，我们本没有权利去读，钱钟书先生曾把作家与作品，比喻为母鸡和蛋的关系，大概是劝读者不要太关注作家，好好阅读作品就行。但这次书展上一看到此书，强烈的好奇心让我忘记了钱老的忠告，不知不觉走进这位已故作家的感情世界。

上个世纪70年代，王小波在北京西城区某街道办工厂当工人，此时他还没有写出引人注目的东西来，暂时也没有参加高考的想法，只是每天和工友们一边干活一边说着粗野的话。他在给李银河的信里说——把自己都把握不定的想法说给别人听是折磨人，可是不说，又非常闷。李银河彼时在光明日报社做编辑，她当然能理解王小波的闷，她从手抄本《绿毛水怪》小说里，读懂一个文学青年的野心和理想。她接受了王小波对她的感情。王小波从传达室拿到李银河的信，仿佛范进中举，高兴至极。以至于回信时都有点语无伦次——我会不爱你吗？不爱你？不会。爱你就像爱生命。

恋爱中的人总会多愁敏感，天真可爱，甚至可以变成诗人——

和你在一起
你是我的战友
因此我想念你
当我跨过沉沦的一切
向着永恒开战的时候
你是我的军旗

让王小波先生声名远扬的是杂文和小说，但是他有诗人的气质，诗人的气质到底是什么呢，我想就是把感情当做信仰，他愿意为李银河做任何事情。爱情让两个人把生命融为一体，难分彼此，以至于李银河放下女人特有的矜持——

我的好朋友，这两天过得怎么样？又研究你的伦理学了吗？这一个星期我们不能见面了。我们创了记录——一星期不见的记录。你感觉怎么样？受得了吗？连我都快受不了了。让不断的思念把我们的火持续地烧下去吧。

书中缠绵深情的句子，俯拾即是，信写得都不长，日期很近，甚至是第一封信刚寄出，对方还没有收到，第二封信又开始写了。不像现在，都是短信，微信，或者干脆电话来表情达意，虽是方便快捷，但我总觉得缺乏写信时的郑重。

王小波先生，留给这个世界的除了小说、杂文，还有他对夫人李银河女士的爱情——像热爱生命一样的爱情。王小波先生在世极推崇法国小说《情人》，以为是世间最好看的小说，而他留给妻子的书信，我以为也是世间最美的情书，虽然不是写给读者，但我们不妨当诗读之。

读沈从文

文红

七月，第六届江苏书展在扬州举办，这样的机会自然不能错过。

展厅里，书，琳琅满目；人，肩摩袂接。

在一本一本书旁停留，每一本都想拥有。正是难以取舍时，一套书映入眼帘：《沈从文小说选》。

沈从文的文字，从来就是最爱。姜黄色复古封面，极简而厚重。这符合我对沈的文字的品读，他的文字从来不需要刻意包装，哪怕就是残章断页，我也会爱不释手，百读不厌。

是有多喜欢沈呢，书本一到手，我就停不住地走进他的字里行间去。

一套两本，囊括了沈从文数十篇具有代表性的小说。

他的小说人物性格，或明或暗，或静或动，都带着泥土的芬芳，田野的纯洁，带着人性里那自由的呼吸，那奔放又克制的情感。让我总跟着他的语言，他的故事，一阵哭，一阵笑，一阵又揪了心的痛。

也许因为我与他一样，都是乡下人，都经历过人生的跌宕起伏，都遇到过生命里的曲折和柳暗花明，所以，尤其能体会这种怀旧的文字，和文字后面的忧伤与快乐。在有时间想写点什么的时候，那些记忆里的人和事，就一股脑地全出现。依旧是往昔的模样，特有的温度和笑容。

“四十钱一堆的梨，觉得很便宜，就同叔远决定买四堆。老妇人说，一共卖就只要一百二十钱。问为什么？说应当少要点的。”就这几句话，把一个乡村老妇人的诚信、朴素和实在，全都灌输进读者的脑海。老人的形象是不是顿时就深刻、清晰起来了？这就是沈从文的语言魅力。这不是在乡村生活过，对乡村充满着深情，又怎能从极其微小的事情中去发现人性里的真善美呢？

对一个素不相识的妇人都能如此用心观察，对与自己共同生活过的友人便更是如此了。

叔远就是沈从文小说里的友人。有叔远的乡下是多么有趣，多么温暖。在雪夜，叔远会在他睡着了去帮他盖被子；会在天亮偷偷陪他在床上剥栗子吃，不许他起来；怕乡下的冷气冻着他，又怕饿着他；白天陪他玩耍，去捉那好看又狡猾的狸子。这些，多么的有意思，情意满满。

几年后，乡村还在，母亲还在，那些回忆还在，甚至他们捕捉的狸子也还在雪地里，可是，叔远不在了。他在《船上岸上》里写道：“哭自己，哭别人，我是没有眼泪的了。今天写这点东西，是想从过去的小事上追想我们的友谊，好让我心来痛一次。”

看他的文章，会不由得内心变得温柔无比，变得多情缱绻。似乎每一句都是肺腑，每一句都是爱惜。那种描写地域、描摹村庄的笔墨落下，就是刻在心间的美，是无比向往的幽静。仿佛这里的人们，都是温文尔雅，都是勇敢、善良。偶尔有过一些的私利也都是人性里所允许的无伤大雅的一时之念。

《柏子》里那个在水面飘荡的汉子，成年累月的辛苦奔波，好不容易挣点钱，全用来花在一个妓女身上。这里的妓女，并不是当今那些纸醉金迷的没有德行的女人。这里的她们都是生活的弱者，不得已以此为生。她们依然是有着感情，懂得去爱的一类人，与平常人并无二样。她们会在固定的时间里，提前就开始等待情人。她们也会因为离别的日子而吃醋，不开心；又会因为团聚而快乐，并把这种快乐无私地传递给她身边这个男人。柏子也并不在乎他不在的日子里她跟多少男人有过肌肤之亲。他在乎的是他们总有时间在一起待上一天或者一晚，享用她的温柔和野性。然后在分别的一个月、两个月、甚至更久的时间里，靠着回味与这女人的温存度过每一天。因此，每天并不寂寞，并不孤独。

而《牛》就不同了，主人跟牛因为在一点小事上生了气，就用木棒槌打了一下牛脚，牛给打伤了。好了，这几日干不了活。而天下过雨，正是农民耕地种苗的好时节。沈从文用一系列近乎灵异的心灵互动，让人和动物之间，成功地实现交流和依赖。将一个农民和他的耕牛之间发生的故事，写得惟妙惟肖。更让人心酸的是，那种心疼与无奈选择的现实生活中，牛和主人都是弱者，都无法逃避命运的安排。他们互助互利，又惺惺相惜。农民的田地最终找来人力耕完，牛的脚几天后也好了。但在他们又可以亲密地相处，又有理由做着那快乐幸福的梦的时候，牛被衙门征收。农民后悔没有一榔头把牛脚给打断了。断了好啊，断了就不会被征收，哪怕不能做事，也能在一起，彼此相依相伴，说着那体己的话。

沈从文的世界我也许懂了些。他用这些生活里的小人物小事情，层层叠叠又不厌其烦地向人们讲述着生活的本来面目。底层生活的人们，在繁重的生活之余，爆几声粗口，说几句荤荤素素的玩笑话，是排解，是释放，是日常生活里人们的真性情表现。

我已久居江南，可我仍然记得，我是湘东人。也许，就是因为沈从文，我对着神秘的湘西充满渴望和好奇。在每一次前往凤凰的路上,都仿佛是走向一个有故人的乡下。与他在沱江边吊脚楼上，喝一壶茶，然后亲热地叫一声：从文，你来得正好，我又准备同你来说说这几个女人、男人、和村庄里的……

陆

附录

第六届江苏书展部分阅读推广活动一览

- 作家祁智推荐美德礼仪丛书，做“让读过的书留在你的气质里”讲座
- 阅读让我们走向“诗和远方”——对话曹文轩和他的“孤独之旅”
- 国家历史文化名城研究中心主任、同济大学教授阮仪三做“中国历史古城镇的保护和合理利用”讲座
- 中国科学院院士、南京大学教授邢定钰开讲“悦读精典 博知雅行”
- 2016书香江苏形象大使、作家顾保孜《周恩来最后六百天》读者见面会
- 作家叶兆言携新书《江苏读本》读者见面暨签售会
- 祁智对话曹文轩、刘东、格非
- 大运河沿线城市社会组织经验分享会 / 中国图书评论协

会会长、国家新闻出版广电总局原副局长邬书林作《准确把握国家、社会、家庭在全民阅读中的作用，把阅读引向深入》辅导报告

- 南京大学教授徐雁做《最是书香能致远，中华家风之诗书传家》主题演讲
- 作家范小青做客书香江苏在线直播间，畅谈江苏文学的现在和未来
- 作家丁捷和插画家刷刷做客书香江苏在线，讲述创作之路
- 作家徐风携《布衣壶宗》走进书展直播室
- 青少年教育专家孙云晓做“养成阅读好习惯，好父母与孩子一起成长”专题演讲
- “北大最励志双胞胎”苑子文、苑子豪携新书《穿越人海拥抱你》赴扬签售
- 史学家卞朝宁解读论语，签售《论语事件评述》
- 南京图书馆馆长徐小跃在扬州图书馆开讲《中国传统文化的精神追求》
- 2016 世界最美的图书《学而不厌》作者、著名主持人周学与新锐设计师曲闵民对谈会
- 南京大学教授夏维中以明代兴亡为例，阐述“历代王朝衰亡的教训”
- 儿童文学作家祁智故事会
- 儿童文学作家徐玲《暖暖爱》系列和保冬妮的《一年级的小豆包》新书发布会
- 著名书法家孙晓云携《论语》现身书展

- “布一样的绘本故事”新书发布会，该系列绘本作者、斯洛文尼亚插画师玛尼卡·k·穆西尔专程赴会
- 南京民国史作家陈宁骏书展现场揭秘孙中山就职典礼
- 儿童文学作家曹文芳带来新作《喜鹊班的故事》，做“我的作家梦”的讲座
- 《守望与担当——扬州文化名人访谈录》新书和纪录片 DVD 首发式
- 大运河沿线 35 个城市共同发布《千年运河，千里书香》扬州宣言
- 大运河书香文脉传承发展论坛
- 汪曾祺长子汪朗等参加“回望汪曾祺”丛书首发
- “书香扬州　文化扬州”三人谈（扬州文化研究会会长赵昌智、扬州广陵书社总编辑曾学文、扬州广播影视协会会长徐丽玲）
- 《翻译官》作者缪娟南京分会场与读者交流
- 北京姑娘赵喻携原创绘本《星球 1301》讲追梦之旅
- 扬州作者朱志泊《扬州上下三千年（上）》新书签售暨“道城市史话，说历史扬州”主题讲座
- 扬州大学教授徐德明做“朱自清《背影》与下江官话”阅读讲座
- 扬州籍诗人庄晓明签售诗集《汶川安魂曲》
- 《汤小团》作者谷清平见面会
- 南京市纪委干部谷以成携新作《请喝茶》做客江苏书展，揭秘纪委“请喝茶”的故事

历届书展大数据

2011

首届江苏书展

举办城市：南京

全省主、分会场共接待读者 55 万人次，销售出版物近 40 万册，出版物及文化有关产品实现销售 1232 万元，其中主会场接待读者 12 万人次，销售出版物 18 万册，销售额 460 万元。

2012

第二届江苏书展

举办城市：南京

全省主分会场共接待读者 66 万人次，销售图书 49 万册、1386 万元。其中主会场接待读者 15 万人次，举办各类文化读书活动 53 场，销售图书 19.2 万册、536 万元。

2013

第三届江苏书展

举办城市：南京

共有近400家出版单位的9万种出版物集中展销，68万人次中外读者参与，销售总额超过1500万元，创下新纪录。

2014

第四届江苏书展

举办城市：苏州

主展馆累计进馆人流18万人次，现场零售总额380万元，图书馆采购350万元，农家书屋出版物更新采购1785万元，均创历史新高，这标志着江苏书展跻身国内一流书展行列。

2015

第五届江苏书展

举办城市：徐州

观展人数超过55万人次，五百多家出版发行单位参展，15万种好书荟萃，主会场零售总额509万元。

江苏凤凰教育
江苏凤凰教育
江苏凤凰教育
江苏凤凰教育

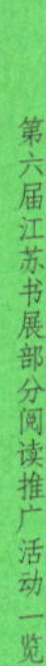

图书在版编目（CIP）数据

骑鹤下扬州：第六届江苏书展回望 / 现代快报主编.
— 南京：江苏凤凰文艺出版社，2017.7
ISBN 978-7-5594-0865-5

Ⅰ. ①骑… Ⅱ. ①现… Ⅲ. ①图书展览—介绍—扬州
— 2016 ②书评—中国—现代—选集 Ⅳ. ① G252.12
② G236

中国版本图书馆 CIP 数据核字（2017）第 161875 号

书　　名　骑鹤下扬州：第六届江苏书展回望

主　　编　现代快报
责任编辑　张　黎　王宏波
装帧设计　蒋　茜
出版发行　江苏凤凰文艺出版社
出版社地址　南京市中央路 165 号，邮编：210009
出版社网址　http：//www.jswenyi.com
印　　刷　三河市华东印刷有限公司
开　　本　1/16
印　　张　17.25
字　　数　195 千字
版　　次　2017 年 7 月第 1 版　　2020 年 1 月第 2 次印刷
标准书号　ISBN 978-7-5594-0865-5
定　　价　96.00 元